SCHULTZ & SCHIRM

2. Auflage Juli 2021

© Schultz & Schirm Bühnenverlag
Alle Rechte vorbehalten.
ISBN 978-3-9503907-5-9

COVERILLUSTRATION: Artur Bodenstein
COVER, GESTALTUNG UND LAYOUT: Gottfried Moritz
LEKTORAT: Severin Groebner
KORREKTUR: scriptophil. die textagentur
DRUCKEREI: Donau Forum Druck, Wien

Gedruckt auf FSC-zertifiziertem Papier, GardaPat 11.
Geschrieben und hergestellt ausschließlich in Österreich.

KLAUS ECKEL

ALLERDINGS

FÜR MÓNICA, FABIOLA, NIKOLAUS

„Es ist idiotisch,
sieben oder acht Monate
an einem Roman
zu schreiben, wenn man
in jedem Buchladen
für zwei Dollar
einen kaufen kann."
Mark Twain

Es ist Samstag, weit vor Mitternacht, als mich Manfred, ein rostiger Kugelgrill, zum ersten Mal anspricht. Kurz nachdem ich mit einem Taschentuch über seinen Kessel gewischt habe, sagt er mit sonorer Stimme: „Danke." Reflexartig erwidere ich: *„Nichts zu danken."* Die Absurdität der Situation wird mir im nächsten Moment bewusst. Ich trete einen Schritt zurück und starre den Kugelgrill an: *„Ha... haben Sie gerade gesprochen?"* „Ja." Seine Bestätigung lässt mich einen weiteren Meter nach hinten stolpern und ich touchiere ein Regal. Eine Gießkanne, ein Rasensprenger und zwei Blumentöpfe fallen hinunter. Einer zerspringt. Danach beginne ich zu laufen. Die Panik beschleunigt meine Schritte. Das Licht in den Gängen flackert. Danach wird es finster.

Nacht-Security in einem Selfstorage. Dieser Job ist nie auf meiner beruflichen Wunschliste gestanden, aber nach den turbulenten vergangenen Wochen und Monaten verspricht er mir zumindest zwei Dinge: eine nächtliche Beschäftigung und eine zufriedene Familie. Im März hat sich ein weltweiter Erreger selbstbewusst in meinen Alltag gerammt. Dieser unsichtbare Gegner hat bis auf weiteres in meinem Kalender sämtliche Termine gelöscht. Außer Reifenwechseln und einer Wurzelbehandlung. Meine Frau ist sich ziemlich schnell einer großen Gefahr bewusst geworden: jener meiner permanenten Anwesenheit. Zehn Tage nach dem ersten Lockdown hat sie mir im Internet auf einer Jobbörse die Anzeige des Selfstorage „Yourplace" mit der Bemerkung „Das kenne ich zufällig!" gezeigt, gefolgt von einer Frage, mit der ich niemals gerechnet hätte: „Wär das nichts für dich?" – *„Bitte? Ich, Klaus Eckel, ein preisgekrönter Kabarettist, soll zu einem nächtlichen Lagerwärter mutieren?* – „Was sind das für Standesdünkel? So wie es aussieht, kannst du für längere Zeit vor Menschen nicht auftreten." – *„Aber ... aber ... es stehen mir beruflich noch andere Tore offen!"* – „Und welche? Fürs Tischlern bist du zu ungeschickt, für die Buchhaltung zu chaotisch und als Schutzgelderpresser zu schlecht vernetzt." Womit meine Frau wieder bewiesen hat, dass Ehrlichkeit in der Partnerschaft überbewertet wird.

Jetzt laufe ich also durch die finsteren Gänge meiner neuen beruflichen Heimat. Das Licht meiner Taschenlampe leuchtet mir den Weg. Währenddessen denke ich an Kurt, den Leiter des Selfstorage. Ich bin erleichtert, dass er gerade nicht Zeuge meiner Flucht vor einem Kugelgrill ist. Er hätte mir sicher sofort erklärt, dass er bereits in unserem ersten Gespräch gespürt habe, dass ich eigentlich zu unterqualifiziert wäre, um in der Nacht auf Dinge aufzupassen. Ich erreiche keuchend den Sicherungskasten, der sich direkt neben dem Büro befindet, und leuchte auf dessen Drehverschluss. Als ich ihn öffne, stelle ich sofort fest, dass sich sämtliche Sicherungsschalter in ihrer üblichen Position befinden. Warum ist es trotzdem dunkel? Eigentlich müsste ich jetzt Kurt anrufen und ihm von dem Vorfall mit dem Kugelgrill erzählen. Seine Reaktion ist vorhersehbar. „Klaus, ich habe dir das zigmal erklärt: im Dienst keine Drogen." In unseren bisherigen Telefonaten hat Kurt mich hauptsächlich auf Verbote hingewiesen. „Keine Drogen, kein Alkohol, kein Feuer, kein Internet, keine Prostituierten und – besonders wichtig – keine Polizei." Auf meine Frage, warum keine Polizei, hat er nur gemeint, dass ich mein viel zu hohes Gehalt nicht fürs Fragen bekäme. „Du sollst im Büro bleiben, potenzielle Neukunden aufnehmen und den stündlichen Rundgang machen. Verstanden?" – „Ja, Kurt." – „Übrigens, Klaus, hast du dir das mit den Räumungen schon überlegt?" – „Ja, Kurt." – „Und?" – „Tut mir leid, aber nein." – „Na ja", hat Kurt geantwortet, „es ist deine Karriere." Die Frage, ob ich nebenbei bei Räumungen mithelfen möchte, hat Kurt bisher bei jedem Telefonat gestellt. Vermutlich sind ihm seine beiden Rumänen zu teuer geworden. Kurt ist nach 15 Jahren Unterordnungsabstinenz mein erster Chef. Prinzipiell stört mich das nicht. Nach der fragwürdigen Freiheit eines Selbstständigen sehne ich mich wieder nach einer devoten Erfahrung. Gleichzeitig finde ich es angenehm, dass Kurt überhaupt nicht weiß, wer ich bin. Für Kabarett oder Theater interessiert er sich ähnlich stark wie Starbucks fürs Steuerzahlen. Der einzige Komiker, der Kurt spontan eingefallen ist, war Karl Dall. „Kann man den irgendwo live sehen?", hat er mich gefragt. *„Nur, wenn du an Gott glaubst."* Diese Antwort habe ich mir im letzten Moment noch verkniffen. Denn Kurts Kosmos besteht schlicht aus Übersiedelungen, Räumungen und Einlagerungen.

In diesem in Finsternis getauchten Kosmos stehe ich jetzt und blicke ahnungslos auf den offenen Sicherungskasten. Mein Gefühl sagt mir, dass ich zurück zum Abteil mit dem Kugelgrill gehen sollte. Mein Verstand findet für diesen Vorschlag keine vernünftige Begründung. Da mein Verstand aber auch keine Alternativen anzubieten hat, mache ich mich auf den Weg. Als ich um die erste Ecke biege, beginnt auch das Licht meiner Taschenlampe zu flackern. Der mögliche Batteriekollaps bringt mich zum Laufen. Ich erreiche das Abteil in einer persönlichen Streckenbestzeit. Die Tür steht nach wie vor offen. Als ich den Raum betrete, leuchte ich aus zwei Metern Entfernung den Kugelgrill an. *„Hallo!"* Nichts. *„Hallo!"* Wieder keine Antwort. Ich nähere mich dem Kugelgrill. *„Ich weiß, dass Sie mit mir gesprochen haben. Es ist sonst niemand hier."* Um mich von meiner eigenen Aussage zu überzeugen, leuchte ich mit der Taschenlampe über sämtliche Regale. Mit jedem Schwenk flackert das Licht meiner Lampe schwächer, bis es schließlich erlischt. Ich greife in die rechte vordere Hosentasche. Sie ist leer. Mein Handy liegt im Büro. Es gibt Tage, da betreiben die Probleme mit uns Menschen einen Staffellauf. Ich bewege mich ganz vorsichtig durch den dunklen Raum. Unter mir knirscht es. Es sind die Scherben des Blumentopfs. Ich schiebe sie mit den Füßen zur Seite und lasse mich auf dem freigeräumten Platz nieder. So, Klaus, jetzt denk in Ruhe nach. Was ist genau passiert? Vor einer Viertelstunde hast du bei deinem Rundgang vor diesem Abteil eine Grillbürste gefunden. Du hast gedacht, die sei dem Mieter beim Einräumen versehentlich hinuntergefallen. Deswegen hast du die Tür des Abteils mit dem Zentralschlüssel aufgesperrt. Dort hast du in der hinteren linken Ecke diesen Kugelgrill entdeckt und die Bürste auf dessen untere Ablage gelegt.

Danach hast du noch den Staub von der Grillhaube entfernt. Doch warum eigentlich? Ich denke nach. Vermutlich ist die Reinigung des Kugelgrills der Erinnerung an meinen Vater geschuldet. Er hat einen fast identischen Kugelgrill besessen. Nur in Ferrarirot. Jedes Mal, wenn mein Vater den Keller betreten hat, wurde dieser als Erstes gesäubert. Er hat mit einem sanften Reinigungstuch über die Grillhaube gewischt und danach mit ihm wie mit einem Hund gesprochen. „Bald kriegst wieder dein Würschti, bald!" Meine Mutter hat das zwar gestört, andererseits hat sie auch nicht zugeben wollen, dass sie auf einen Kugelgrill eifersüchtig war. Aufgrund der akribischen Pflege meines Vaters hat man unserem Kugelgrill die Tausenden Koteletts, die ihm die Unschuld genommen hatten, nie angesehen. Seit dem Tod meines Vaters füllt seine trostlose Existenz nun den Keller meines Elternhauses. Der Kugelgrill steht dort rum wie ein Museumsstück. Ungereinigt. Wie eine Erinnerung, von der wir uns nicht trennen können. Ich blicke in die linke hintere Ecke des Abteils. Vielleicht ist mein Vater zurückgekommen? Reinkarniert als Kugelgrill? Für ihn wäre das mit Sicherheit die schönste Form der Wiedergeburt. Mein letzter Gedanke bringt mich zum Schmunzeln. In der auftrittsfreien Zeit bin ich beides gleichzeitig: der Kabarettist und das Publikum. Wäre ich auch der Lichttechniker, würde ich mir jetzt kündigen. Mir kommt eine Idee in den Sinn. Ich hole das Taschentuch erneut aus meiner hinteren Hosentasche und wische ein zweites Mal über den Kugelgrill.

MANFRED

„Danke!"

Das Licht im Storage und bei meiner Taschenlampe geht an.

„Wieso kannst du sprechen?"

„Wieso nicht?"

Obwohl ich auf die Stimme gehofft habe, reibe ich mir die Augen und flüstere mir selbst zu.

„Klaus, alles wird gut, das bildest du dir nur ein."

„Verehrst du den Quantenphysiker Yoshikatsu Sugiura?"

„Wieso?"

„Der meint auch, die Realität beruhe auf Einbildung."

„Aber ein sprechender Gegenstand, das ist doch verrückt oder zumindest mystisch ... Eine vielleicht seltsame Frage: Du heißt nicht zufällig Walter Eckel?"

„Nein. Manfred. Übrigens, gratuliere, du bist einer von den Auserwählten."

„Wie auserwählt?"

„Auf der ganzen Welt gibt es nur wenige Menschen, die mit Dingen kommunizieren können."

„Aber warum gerade ich?"

„Weil du dich um uns kümmerst. Welcher normale Mensch macht das?"

„Also beleidigen lass ich mich nicht. Auch nicht von einem Kugelgrill."

„Das war ein Kompliment. Schau, ein Selfstorage ist doch in Wahrheit nur ein Zwischenlager vor der Mülldeponie. Hier die abgeschlagene Vase, da der morsche Wickeltisch. Haben die Hoffnung auf eine weitere Verwendung? Nein, wir stehen hier rum auf der Palliativstation der Gegenstände. Doch du hast mich, einen vergrauten, entbehrlichen Kugelgrill, abgestaubt."

„Du hast mich eben an meinen Vater erinnert."

Ich schau mich im Abteil um und betrachte die eingelagerten Gegenstände.

„Ihr alle könnt euch glücklich schätzen."

„Wieso?"

„Ihr wurdet nicht endgültig ausgemistet."

„Aber nur, weil euch Menschen das Entsorgen so schwerfällt. Alte Kugelgrills, Raclettesets und Kinderkeyboards zu beseitigen bedeutet nämlich, seinen Besitz vom Wertgegenstand zu Müll runterzustufen. Deswegen schiebt man die in der Grauzone der Notwendigkeit befindlichen Gegenstände lieber in diese lichtlosen Altersheime der Aussortierten."

„Verstehe. Wem gehörst du eigentlich?"

„Der Familie Bürstel. Drei Jahre lang habe ich alles, was sie mir aufs Gitter geworfen haben, angeschmort."

„Und dann?"

„Ist er gekommen. Der Gesinnungswandel. Seitdem man sich für mich geniert, stehe ich hier im Verlies."

„Geniert?"

„Ja, aber nicht nur für mich. Auch für meine beiden Kollegen dort im Eck. Heizpilz und Benzinrasenmäher. "

„Das verstehe ich jetzt nicht."

„Die Familie Bürstel hat vor einem Jahr den Klimaschutz entdeckt. Und seitdem herrscht gegenüber uns dreien Grillscham, Heizscham und Verbrennungsmotorscham. Mittlerweile habe ich bei euch Menschen den Eindruck, Schämen ist der neue Stolz."

„Aufgrund des Klimawandels haben sie dich hierhergeschoben?"

„Ja, wenn ich nicht arbeite, sinkt der Meeresspiegel."

„Etwas zugespitzt formuliert."

„Zynismus ist mein Zufluchtsort. Als Holzkohlegrill habe ich jahrelang für die Bürstels und deren Gäste treue Dienste geleistet. Doch von einem Tag auf den anderen wurden mir unerhörte Dinge vorgeworfen: die CO_2-Emissionen, die Feinstaubbelastung, die Grillkohle aus Tropenholz."

„Aber es ist doch auch nachvollziehbar, dass man sich um die nächste Generation sorgt."

„Das macht man am besten, indem man sie nicht zeugt."

„Wie?"

„Die Bürstels haben vier Kinder. Ich als sehr aktiver Holzkohlegrill stoße pro Saison einhundertdreißig Kilogramm CO_2 aus. Auf das Klimakonto eines jeden Kindes kommen pro Jahr 58,6 Tonnen CO_2. Das ist vierhundertdreiundfünfzigmal so viel. Aber siehst du deswegen hier im Abteil irgendwo ein Kind rumstehen?"

„Du meinst, der Familie Bürstel fehle die Nachwuchsscham?"

„Es fehlt ein Ende der Doppelmoral. Der Herr Bürstel hat mich ausgemustert, fliegt aber weiterhin dreimal im Monat nach Frankfurt. Seine Kinder marschieren bei der Klimaschutzdemo mit und bestellen dort am Handy neue Sneakers aus China, weil gerade Black Friday ist. Die Frau Bürstel fährt ständig mit dem alten VW-Bus zum fünfhundert Meter entfernten Supermarkt und lässt dort das Plastik von der Biogurke aus Marokko entfernen!"

„Ja schau, Manfred … Uns Menschen geht es halt auch immer um den Karma-Ausgleich."

„Verstehe. Du bist spirituell?"

„Wenn es mir nützt, dann schon."

„Und da meldet sie sich wieder, die Doppelmoral."

„Warum weißt du eigentlich über die Scheinheiligkeit so gut Bescheid?"

„Im Sommer ist man als brennender Holzkohlegrill ein Männermagnet. Da hört man viel."

„Das ist doch ein Klischee!"

„Nicht jedes Klischee muss falsch sein. Ich bin überzeugt, der Satz ‚Geliebte, ich kümmere mich ums Fleisch' ist mindestens fünfzigtausend Jahre alt. Der ist tief in der männlichen DNA verankert. War das bei deinem Vater anders?"

„Nein, im Gegenteil. Jedes Wochenende ist er am Rost gestanden und hat das verendete Kleintier rhythmisch auf den Gitterstäben gewendet. Manchmal, glaub ich, hat er sogar mit seinem Grill geredet."

„Und war er dabei glücklich?"

„Sehr sogar. Er hat völlig hypnotisiert den Rauchschwaden hinterhergeblickt. Leider."

„Wieso leider?"

„Weil ihn keiner geweckt hat. Danach hat man die Koteletts von der Kohle farblich kaum unterscheiden können. Um seinen Fauxpas zu kaschieren, hat er das Fleisch dann flächendeckend in Grillsaucen ertränkt und es mit den Worten serviert: „Sollte durch sein."'

„Hat sich irgendwer beschwert?"

„Nein, meine Mutter hat vorher sämtliche Gäste instruiert, die Fleischqualität auf keinen Fall zu kommentieren."

„Ja, das gilt als ungeschriebenes Gesetz. Wer den Grillmeister kritisiert, sehnt sich nach einer Nahtoderfahrung."

„Du weißt über Männer am Rost wirklich gut Bescheid."

„Es gibt ein Sprichwort aus der Jungsteinzeit: ‚Wenn du in den Grill blickst, blickt der Grill auch in dich.' Als Grill bist du nach einigen Barbecues ein Soziologe. Der Grill ist für viele Männer in einer komplexen Welt eine Zone der Klarheit. Alles, was verlangt wird, sind Fleisch und die Waffen der Zubereitung. Zange, Bürste, Marinierpinsel. Die Dreifaltigkeit des Grillens. Wenn der Mann dann das Fleisch auf den heißen Rost legt und es erfolgt das berühmte Zischen, dann spricht dieser Kuss der Flammen zu ihm. Er flüstert: ‚Du kannst deine Familie versorgen!' Um diese Botschaft nicht zu gefährden, pustet der erfahrene Grillmeister dann noch einmal in die glühenden Kohlen. Die dadurch aufgewühlte Asche verteilt sich in den Gesichtern der um den Rost stehenden Männer. Doch sie ertragen dieses Aschenkreuz der Glut, weil sie damit gesegnet werden. Sie sind jetzt Teil des archaischen Grillkreises. Dann ein fester Zug aus der Bierflasche, und mit dem nächsten Schluck Bier wird das Fleisch geweiht. Der Schaum gleitet sanft über die Hügel des Rinderfilets und tropft auf die glühenden Briketts. Die Wolke des Verdampfens ummantelt das Fleisch mit dem, was es am meisten braucht: Hopfen-Malz-Aromastoffe. Diese Fleischtaufe mit Gerstensaft wird vom Grillmeister so oft wiederholt, bis der

Verzehrende nach dem Fleischkonsum kaum mehr Auto fahren darf."

„Aber wenn wir Männer die Einfachheit genießen, warum rüsten in den letzten Jahren viele von uns ihren Griller technisch derart auf? Es gibt mittlerweile Griller mit Infinity-Zündung, Power-Seitenbrenner, düsengesteuerter Wespenabwehr mit ätherischen Ölen."

„Das ist von euch ein klares Zeichen an die Gesellschaft: ‚Wir lassen uns von der letzten Insel der Klarheit nicht verdrängen.' Das ist die finale Bastion gegen den männlichen Machtverlust in der Versorgungskompetenz. Die Jagd wurde euch von den Supermärkten genommen. Die Zubereitung erledigt meist die Frau. Wenn man euch Männern das Grillen auch noch entreißt, bleibt irgendwann nur noch der Abwasch."

„Manfred, im Kern hast du recht. Wir Männer haben tatsächlich im Zuge dieser ganzen Emanzipation unsere evolutionäre Position eingebüßt."

„Meine Worte. Merkst du nicht, wie die Speisen am Grill in den letzten Jahren weiblich unterwandert werden? Zucchini, Melanzani und Spargel! Da müssen immer häufiger Lamm und Rind am Rost zur Seite rutschen. Mehr als die Hälfte der Gitterstäbe wird doch mittlerweile von Gemüse besetzt."

„Ja, es bräuchte auf jedem Grill eine Quotenregelung für Fleisch!"

„Gar nicht zu reden von der griechischen Gummiflade."

„Halloumi? Ja, mit so einem Material dichtet man normalerweise die Fliesen im Badezimmer ab."

„Und ist dir aufgefallen? Überall stehen plötzlich Salate. Früher war der Salat beim Grillen ein Teil der Tischdeko."

„Richtig. Ich fürchte, wenn das mit der ganzen Emanzipation so weitergeht, liegen wir Männer in ein paar Jahren unterm Tisch und kriegen nur noch, was der Hund stehenlässt. Aber nur, wenn der Hund ein Rüde ist. Das Weibchen gibt uns sicher nix."

Manfred schweigt.

„*Was ist?*"

„Ich hab gewonnen."

„*Wie? Was? Gewonnen?*"

„Ich habe mit dem Heizpilz gewettet, dass jeder Mann frauen-
feindlich ist. Man muss ihn nur provozieren."

„*Wie?*"

„Also deine letzte Aussage mit dem Hund hatte wohl wenig
Klasse."

„*Ich dachte, du denkst genauso.*"

„Das war ein Test."

„*Ein Test? Was für ein Test? Ich lass mich doch von einem
Kugelgrill nicht verarschen!*"

„Sagen wir so, es war ein kleines psychologisches Experiment.
Ich wollte erforschen, ob du, wenn du dich in Sicherheit wähnst,
auch eine gewisse Doppelzüngigkeit zeigst."

„*Du spinnst wohl! Such dir jemand anderen für deine vertrottelten Feldstudien!*"

„Schau, ich war bei den Bürstels als Kugelgrill zwei Jahre lang
im Dauereinsatz. Ich habe meinen Job geliebt, aber diesen
latenten Sexismus verabscheue ich."

„*Ökologisch denken und sexistisch sein – geht das zusammen?*"

„Jedes Steak hat eine Kehrseite. Egal, wie intellektuell sich jemand gibt, kaum stehen mehr als drei Männer im Kreis um
mich, wird ein Feuerwerk der Frauenfeindlichkeit gezündet."

„*Das ist doch wieder so ein Klischee!*"

„Ach so? Kleiner Auszug gefällig? ,Mei Frau ist wie die Daten-
schutzerklärung im Internet. Ich versteh's ned, aber am Ende
stimm ich zu.' Oder: ,Ich hab zu meiner Frau gesagt: Schatz, lass
das mit dem Abwasch, du hast heut Geburtstag. Mach's morgen!' Oder: ,Woran erkennt man eine kluge Frau? Sie hat ...'"

„*Genug!*"

„Ich kenn sie alle!"

„*Ich auch. Gut, es mag vielleicht sein, dass meine Geschlechts-
genossen gelegentlich, in Momenten, in denen wir unter Gleichen*

weilen, unter Umständen ein latent männerfreundliches Gesellschaftsbild präferieren.“

„Bist du als Kind in einen Kessel mit Euphemismen gefallen? Das ist purer Sexismus. Warum sprechen Männer am Grill nie darüber, dass die meiste Pflege- und Krankenarbeit von Frauen erledigt wird? Dass Frauen die Hauptopfer männlicher Gewalt sind, und dass nach wie vor Frauen in der Privatwirtschaft bei Gehaltsforderungen an gläserne Decken stoßen?“

„Weil, weil es …“

„Fad ist? Weil es euch nicht betrifft?“

„Moment. Es gibt in der Gesellschaft auch genug Männerfeindlichkeit. Stichwort Bundesheer und … und … Frauenparkplätze. Wir Männer gehen später in Pension, damit wir früher sterben dürfen.“

„Euer vorzeitiges Ableben ist wie beim Schulsport ein reines Eitelkeitsproblem. Ihr haltet es nicht aus, nach der Frau über die Ziellinie zu laufen.“

„Manfred, ich will mit dir darüber nicht diskutieren! Aber weißt du, was mich an dir wirklich überrascht?“

„Dass ich ein sprechender Kugelgrill mit eingebautem Doppelmoral-Detektor bin?“

Ich schweige.

„Tja, wir Gegenstände werden oft unterschätzt.“

„Manfred, ich muss jetzt leider zurück ins Büro. Das vorhin mit dem Lichtausfall im Storage und bei der Taschenlampe: Hast du das …?“

„Das musst du selbst herausfinden. Carpe noctem.“

Ich drehe mich um und gehe zur Tür. Doch dann fällt mir noch etwas ein.

„Moment, Manfred, eine Frage habe ich noch. Kann ich ab jetzt mit jedem Gegenstand reden?“

„Nein. Und wenn Dinge mit Menschen sprechen, dann meistens nur ein einziges Mal.“

„Wieso?“

„Damit vermeiden wir Banales. Das Leben ist zu kurz für Smalltalk.“

„Glaubst du, mein Vater hat sich mit seinem Kugelgrill auch unterhalten können?"

„Kann schon sein. Die Sensiblen sind oft die Normalen im Gewand der Verrückten."

„Gute Nacht, Manfred."

„Gute Nacht."

Ich sitze im Büro, kaue an der Rückseite eines Streichholzes und denke dabei an Manfred. Ich habe tatsächlich mit einem Kugelgrill über Scheinheiligkeit gesprochen. Ich greife zu meinem Smartphone, um meiner Frau von dem Vorfall zu erzählen. Kurz bevor es zum ersten Mal läutet, drücke ich auf „Anruf beenden". Wie wird meine Frau reagieren? Wahrscheinlich wird sie sich die Geschichte mit großem Verständnis anhören, interessiert nachfragen und schließlich eine gute Nacht wünschen. Zehn Minuten später wird dann ein Notarzt, begleitet von zwei Sanitätern, in meinem Büro stehen und fragen: „San Sie des mit der Psychose?"

Ich öffne am Computer den Internetbrowser und tippe in die Suchzeile den Satz: „Ich habe mich gerade mit einem Gegenstand unterhalten." Zu meiner Überraschung erhalte ich 2.001.232 Treffer. Die ersten Links verweisen auf Übersetzungsvorschläge. „كئنّ ىلإ ثدحتأ طقف تنك" heißt der Satz auf Arabisch. Nach einigen Seiten, durch die ich mich aufgrund der schlechten Internetverbindung mühevoll surfe, lande ich bei einem Link zum Blockbuster „Cast Away" mit Tom Hanks. In diesem Film unterhält sich die Hauptfigur Chuck Noland mit einem Beachvolleyball namens Mr. Wilson. Auf einer einsamen Insel wird eine Lederkugel, die normalerweise über hohe Netze fliegt, zum Verbündeten gegen Einsamkeit. Diese Idee hat mich schon im Kino begeistert. Schade, dass Mr. Wilson für seine schauspielerische Leistung nie einen Oscar erhalten hat. Es hätte in der Geschichte des Films ein historischer Moment werden können: ein Beachvolleyball, der als Auszeichnung eine Statue erhält. George Clooney, Christoph Waltz und Meryl Streep wären im Publikum gesessen und hätten applaudiert. Als Zeugen der Machtergreifung durch Gegenstände.

Wenn man gedanklich durch ein Selfstorage schlendert, hat man den Eindruck, dass diese Herrschaftsübernahme bereits stattgefunden hat. Die Mieter der Abteile zahlen monatlich stattliche Preise, um ihren defekten Ergometern, verrosteten Sonnenliegen und von Motten zerfressenen Wintermänteln ein warmes, trockenes Plätzchen zu gönnen. Hinzu gesellen sich zahlreiche Dinge, die sich ihre Besitzer im Zuge von Fernreisen eingetreten haben. Die indische Wasserpfeife, das marokkanische Kochgeschirr, der peruanische Traumfänger. Diese mit Begeisterung gekauften Souvenirs werden zu Hause bereits nach dem Öffnen des Koffers zum Fremdkörper. Die knisternde Erotik der Exotik verglüht wenige Tage nach der Rückkehr in einem Storage-Karton mit der Aufschrift „Krimskrams". In den Kisten daneben lagern wiederum die Dinge, die ihren Eigentümern im Lauf des Lebens unfreiwillig zugefallen sind: Geschenke. Das vom Neffen bemalte Kaffeehäferl, die mit Muscheln verzierte Lavalampe, der weihnachtliche Waschlappen mit den eingestickten Rentieren, das Fotobuch mit dem Titel „Mystisches St. Pölten" und das Mirjam-Weichselbraun-Kochtopfset, das mit den Rabattmarken vom Supermarkt erstanden wurde. Viele dieser Gaben verursachen bereits beim Auspacken körperliche Schmerzen. Als geübter Beschenkter konzentriert man sich dann meistens darauf, die Schönheit des Geschenkpapiers zu loben. Höflichkeit sticht Ehrlichkeit. Bei hässlichen Gegenständen, die man von lieben Menschen erhalten hat, fällt das Entsorgen besonders schwer. Vermutlich, weil die Spuren der Schenkenden an den Dingen haften.

Hinter all den silberglänzenden Türen dieses Selfstorage stapeln sich unzählige Kisten mit solchen Gegenständen. Im Abteil 3032, gleich neben meinem Büro, stehen als krönender Abschluss auf der hintersten Schachtel zwei unterschiedlich große einzelne Skischuhe mit zwei alten Vasen darin. In eine der

Vasen wurde ein dunkelbraunes Nudelholz gesteckt, an dessen Griff eine rote Baseballmütze hängt. In ihrer anarchischen Anordnung wirken manche Abteile wie Kunstinstallationen. In einem Telefonat habe ich Kurt deswegen vorgeschlagen, das Selfstorage jeden Sonntag zu öffnen und unter dem Titel „Der Tag der offenen Lagertür" den gestapelten Besitz von Menschen auszustellen. In Aussicht auf eine weitere Einnahmequelle hat Kurt wirklich über meinen Vorschlag nachgedacht. Schließlich aber verneint. Er hat gemeint, dass ihm das der vertrottelte Datenschutz sicher wieder verbieten würde.

In diesem Moment wird mir auf meinem Büroplatz klar, welche Chance mir die Fähigkeit, mich mit Gegenständen zu unterhalten, bieten könnte. All die Dinge, mit denen wir uns umgeben, sind die stillen Beobachter unseres Alltags. Sie sind schweigsame Zeugen, die an definierten Orten, an denen sie von uns abgestellt wurden, auf ihren Einsatz warten. Sie wissen wahrscheinlich mehr über uns als wir über sie. Vielleicht kann ich genau deshalb in Gesprächen mit Gegenständen der Antwort auf meine wichtigste Frage ein kleines Stück näherrücken: „Warum ist der Mensch so, wie er ist?"

Von diesem Gedanken getrieben, stehe ich auf und laufe durch die Gänge des Storage. Der Anblick der mit Neonlicht bestrahlten Korridore erinnert an ein Gefängnis. Links und rechts ziehen sich Betonmauern scheinbar in die Unendlichkeit. Alle drei Meter wird das verputzte Grau von der immer gleichen silberne Metalltür unterbrochen. Die Gegenstände dahinter sind weggesperrt. Ohne Verfahren. Sie müssen sich wie unschuldig Verurteilte fühlen. Denn sie haben ein einziges Delikt begangen: Sie sind älter geworden. Ich öffne das erste Abteil mit meinem Zentralschlüssel und rufe hinein: „Hallo! Hallo! Ist da jemand?" Keine Antwort. Nächste Tür. Wieder nichts. Trotzdem behalte ich meine Kontaktaufnahmezeremonie bei. Tür öffnen, zwei Mal „Hallo!", dann die Frage. Nach zwanzig Minuten überkommt mich die Lustlosigkeit. Ich beschließe, ins Büro zurückzukehren. Doch gerade als ich das Abteil 5025, in das ich wieder vergebens hineingerufen habe, verlassen will, höre ich hinter mir eine warnende Stimme.

HELMUT

„Achtung!"

„Was?"

„Beim Türgriff steht ein rostiger Nagel raus."

„Ah ja! Glück gehabt. Bei wem darf ich mich bedanken?"

„Bei mir!"

Ich blicke mich im Abteil um. Ein Kofferradio, ein Wasserkocher, ein Fahrradhelm.

„Na bitte, gefunden."

„Wie? Ein sprechender Fahrradhelm?"

„Genau. Helmut. Helmut heiß ich. Siehst du dort im Eck den gelben Kanister?"

„Ja."

„Der enthält Restbestände von Aceton. Kannst du es bitte wegschütten?"

„Wieso?"

„Kennst du nicht eure AGBs? Leicht entflammbare Lösungsmittel sind im Storage strengstens verboten!"

Ich öffne den Kanister, um daran zu riechen.

„Das Gemisch stinkt ja unglaublich."

„Deswegen würde ich mich auch danach duschen gehen."

„Wieso?"

„Weil Hygiene jedes Infektionsrisiko um 34,3 Prozent senkt."

„Gut, mach ich morgen."

„Doch aufpassen beim Duschen!"

„Keine Sorge, vor meiner Dusche liegt eine Fußmatte."

„Keine Fußmatte schützt vor Legionella pneumophila."

„Vor was?"

„Das ist ein Bakterium, das in Duschköpfen in großen Kolonien heranwächst."

„Von dem habe ich noch nie was gehört."

„Kannst du googeln."

„Man kann alles googeln. Das Internet ist mittlerweile ein digitales Pippi-Langstrumpf-Land."

„Wieso? Gibt es dort lauter Bilder von Pferden und Affen?"

„Nein, aber die meisten Menschen lesen nach dem Motto: ‚Ich mach mir die Welt, widewide wie sie mir gefällt.'"

„Du nicht?"

„Doch, ich gehöre meistens zu den meisten."

„Verstehe."

„Irgendwie seltsam, dass ich mich mit einem Fahrradhelm über Pippi Langstrumpf unterhalte."

„Wieso nicht? Mein Besitzer hat mit seinem Kontrabass stundenlang über die Schleifenquantengravitation gesprochen."

„Wieso denn das?"

„Er ist Physiker und spielt gerne Jazz. Manchmal hat er an den Saiten gezupft und gleichzeitig Auszüge der Diffeomorphismus-Invarianzen in den Instrumentenkorpus gemurmelt."

„Na ja, Wissenschaftler haben von Haus aus das Image, ein wenig schrullig zu sein."

„Was ist daran schrullig? Als Kind ist es völlig selbstverständlich, sich mit Puppen, Autos und Plastikdinosauriern zu unterhalten. Schrullig ist nur, wenn man damit aufhört. Hast du Kinder?"

„Zwei."

„Stimmt's, du hast ein Auto ohne Sitzheizung?"

„Ja, das stimmt! Wieso?"

„Weil sonst hättest du keine Kinder."

„Ich muss nicht jeden Zusammenhang verstehen, oder?"

„Etliche Studien besagen, dass beheizte Autositze die Qualität von Spermien erheblich mindern."

„Das ist doch ein Schwachsinn."

„In welchem europäischen Land fahren deiner Einschätzung nach die meisten Autos ohne Sitzheizung?"

„Keine Ahnung."

„Irland. Und welches Land in Europa hat die höchste Geburtenrate?"

„Ich sage jetzt sicher nicht ‚Irland'!"

„Schade, ich dachte, du freust dich über eine richtige Antwort.

Es besteht eindeutig eine Kausalität."

„Ich glaube, du verwechselst gerade Korrelation und Kausalität. Aufgrund seiner Topographie hat das Burgenland jedes Jahr die wenigsten Lawinentoten. Da besteht eine Kausalität. Aber egal, was machst du eigentlich hier?"

„Wie meinst du das?"

„Na ja, die meisten Gegenstände, die sich in diesem Abteil befinden, wie der Kassettenrekorder, die Schreibmaschine, die Öllampe, sind tatsächlich ein wenig aus der Zeit gefallen. Aber gerade ein Fahrradhelm ist heutzutage ja wieder sehr gefragt."

„Schau mich doch einfach an."

Ich nehme Helmut in die Hand.

„Nun, du bist ein schlichter Hartschalenhelm mit zwei Lüftungsschlitzen, einfacher Polsterung, hinterem Drehverschluss, intakten Kinnriemen. Du wirkst in Ordnung."

„Die Farbe!"

„Du bist grün."

„Neongrün. Laut der Frau meines Besitzers ist das keine Farbe, sondern eine visuelle Beleidigung. Ich wurde ausgetauscht, gegen einen modernen, dezenten Helm."

„Und was ist das genau?"

„Die nachgefragten Helmfarben sind derzeit Saphirblau, Schiefergrau, Sepiabraun. Natürlich alles matt."

„Aber das ist doch genau der Sinn deiner Farbe. Dass man den Radfahrer, der dich trägt, dadurch besser sieht."

„Welche Farbe hat denn dein Fahrradhelm?"

„Schwarz."

„Na bitte. Du trägst am Kopf sogar die Farbe des Todes."

„Also, das war kein Entscheidungskriterium. Ich will einfach mit dem Helm ..."

„... gut aussehen. Wenigstens bist du kein Vollidiot und besitzt einen. Aber ist es nicht ein Armutszeugnis, dass sich der Mensch bei der Wahl zwischen Sicherheit und Ästhetik für Letzteres entscheidet?"

„Na ja, gerade in Wien will jeder am Ende seiner Tage ‚a sche-
ne Leich' sein. Mit einem leuchtenden Plastikpilz am Schädel
wird das schwierig."

„Das ist eine Geschmacksfrage. Es gibt Menschen, die ein neon-
grüner Fahrradhelm sogar optisch verbessert."

„Wie das?"

„Weil er mit seiner leuchtenden Farbe vom Gesicht darunter
ablenkt. Außerdem sieht wirklich jeder Helm besser aus als ein
Schädelbasisbruch."

„Kein Grund zum Drama. Ich fahre seit über vierzig Jahren
Fahrrad. Mir ist noch nie etwas passiert."

„Klar, dank deines Helms."

„Wenn ich ehrlich bin, trage ich ihn nie."

„Was?"

„Nun, ich habe ihn gekauft, falls ich ihn einmal brauchen
könnte, also eher zur Vorsorge."

„Ich nehme das mit dem ‚kein Vollidiot' zurück. So etwas
Schwachsinniges habe ich schon lange nicht mehr gehört! Lässt
du dir den Helm ins Krankenhaus nachschicken?"

„Nein ... aber ... schau, bei der Entscheidung zwischen Freiheit
und Sicherheit gewinnt bei mir meistens die Freiheit."

„Nur wenn du länger lebst, kannst du deine Freiheit länger
genießen."

„Mag sein, aber das ist dann behelmte Freiheit."

Zwischen uns herrscht kurz Stille.

„Irgendwie ist das paradox."

„Was?"

„Ungefähr ein Drittel der Radfahrer will keinen Fahrradhelm
tragen. Außer im Augenblick des Unfalls. Da würden sich fast
alle Menschen für die Landung noch schnell einen aufsetzen."

„Schau, nichts gegen dich persönlich, aber so ein Helm hat in
der Praxis auch etliche Nachteile. Das Schwitzen, die Gravur
vom Riemen im Gesicht. Außerdem macht mir mein Fahr-
radhelm nach dem Absetzen ständig seltsame Frisuren-
vorschläge."

„Das sind alles keine Argumente. Wer ein Hirn hat, schützt es."

„Arbeitest du in der Marketingabteilung vom ÖAMTC?"

„Eine Frage: Schnallst du dich beim Autofahren an?"

„Ja natürlich."

„Wieso? Dein Körper kann sich dadurch während der Fahrt nicht entfalten. Das ist begurtete Freiheit."

„Das ist was anderes. Das verlangt der Gesetzgeber."

„Du schützt dich nur, weil du sonst einen Strafzettel kriegst? Also nicht böse sein, aber Menschen deines Schlags sollte die Verantwortung für ihre Gesundheit entzogen werden. Dein Körper gehört besachwaltet."

„Die Entmündigung findet sowieso bereits statt. Die Sozial-versicherung schreibt mir jedes Jahr in einem Brief: ‚Mach brav deine Gesundenuntersuchung, dann zahlst du beim Arzt weniger Selbstbehalt.' Die geben mir mit ihrer Vorsorgepäda-gogik das Gefühl, ich würde immer noch in der Marienkäfer-gruppe des örtlichen Kindergartens stecken."

„Ich kann das nachvollziehen. Warum soll der Staat deine Selbstvernichtung finanzieren?"

„Ich finanziere über meine Steuern auch das Ronacher und das Raimund Theater. Dabei hasse ich Musicals. Trotzdem sag ich zu mir: Gut, wenn unbedingt jemand ein singendes Phantom oder einen tanzenden Perserkater sehen will, dann, bitte, sollen sie mir die Kosten dafür halt als Hundesteuer verrechnen."

„Was für einen Hund hast du?"

„Gar keinen. Das war nur ein Beispiel."

„Anscheinend kein gut überlegtes."

„Weißt du, was mich an euch Fahrradhelmen wirklich stört? Ihr besetzt unsere Köpfe in immer mehr Situationen."

„Wie?"

„Manche Kinder müssen beim Schaukeln, Rutschen und sogar beim Hüpfburgspringen einen Helm tragen."

„Da lauern überall Risiken."

„Und welche? Das einzige Risiko besteht darin, dass aufgrund des festgezogenen Helms das Gehirn darunter vertrocknet."

„Kannst du deine Argumente auch auf eine respektvolle Weise vorbringen?"

„Okay, verzeih, aber es ist doch absurd, dass manche Menschen sogar beim Einkaufen im Supermarkt ihren Fahrradhelm aufgesetzt lassen. Ich hätte gerne zehn Deka von deren Selbstbewusstsein."

„Im März 2009 ist in Kentucky in einem Walmart ein Turm Bohnendosen auf einen Kunden gestürzt. Die Ärzte waren sich nachher sicher, dass der Mann ohne Fahrradhelm schwere Kopfverletzungen davongetragen hätte."

„Willst du wirklich wegen dieses Einzelfalls für eine Helmpflicht in Supermärkten plädieren?"

„Wie sagt ihr immer? Nutzt's nix, schodt's nix."

„Nach diesem Argument sollten sämtliche Paare bereits während der Zeugung einen Fahrradhelm tragen. Es könnten im Zuge des Stellungswechsels die Köpfe zusammenstoßen. Vielleicht wird die Evolution sogar irgendwann darauf reagieren und sämtliche Kinder werden behelmt auf die Welt kommen."

„Das wäre nicht gut."

„Wenigstens siehst du das ein."

„Ja, weil Kinder sind dann aufgrund des Helms für den Geburtskanal zu sperrig und ein Kaiserschnitt wäre notwendig. Wusstest du, dass Kaiserschnittkinder eine signifikant höhere Schulabbrecherquote aufweisen? Man vermutet, dass ihnen durch das fehlende Geburtserlebnis einfach der Kampfgeist fehlt."

„Helmut, du bist ein von Angstneurosen durchseuchter Fahrradhelm."

„Nein, ich mache meinen Job. Ich bin Teil der Sicherheitsindustrie. Und wir sind viele: Schwimmflügerl, Ellbogenschützer und Bibliothekshelme sind alles besorgte Gegenstände, die sich unentwegt um das Wohl des Menschen kümmern."

„Was ist ein Bibliothekshelm?"

„Der schützt beim Lesen vor umkippenden Bücherregalen. Der war eine Zeit lang bei englischen Schlossherren ein Verkaufshit."

„Ich lass mich lieber von einem Brockhaus erschlagen, als behelmt in einem Buch zu blättern."

„Ich verstehe dein Problem nicht. Hängst du nicht am Leben?"

„Nein. Ich hänge an Lebensqualität. Menschen suchen das unvorhersehbare Abenteuer. Deswegen kaufen wir Aktien, haben Affären und fahren Hochschaubahn."

„Das mit der Hochschaubahn verstehe ich nicht."

„In der Hochschaubahn fürchte ich mich vor jeder Kurve, rausgeschmissen zu werden. Deswegen produziert mein Körper kurz davor Angsthormone. Wenn ich dann nach der Kurve noch immer heil im Wagen sitze, schießen die Endorphine ein. Jedes Wochenende gibt es in Vergnügungsparks lange Warteschlangen, um für dieses verdichtete Wechselspiel der Gefühle acht Euro zu bezahlen."

„Und das macht ihr immer ohne Helm?"

„Ja – also bis jetzt. Der Mensch sehnt sich in Wahrheit nach mehr Risiko, weil nur dort wohnt die Abwechslung. Den ganzen Tag treffen wir auf Autogurte, Feuerlöscher, Zebrastreifen. Wo wird das alles noch hinführen?"

„Vielleicht in das Paradies von jedem Fahrradhelm: Security-Land – wir polstern alles aus."

„Ich glaube, in diesem Land lasse ich mich sofort einschläfern. Wir können der Welt nicht ihre Kanten nehmen."

„Doch! Vielleicht ist die Erde genau deswegen eine Kugel."

„Ich will aber keinen ungefährlichen Planeten. Ich habe ein Recht auf Selbstverletzung!"

„Bitte, jetzt reg dich nicht so auf. Angstfrei lebt es sich einfach besser und vor Gefahren geschützt länger."

„Ich verstehe ... Mammuts und Dinosaurier sind also ausgestorben, weil sie keinen Fahrradhelm aufhatten."

„Vermutlich nicht, aber es ist doch bemerkenswert, dass der Mensch in seiner Geschichte permanent neue Sicherheitslösungen entwickelt hat. Ihr habt Helme, Airbags, Warntafeln nur erfunden, um die Existenz eurer Spezies langfristig abzusichern."

„Ah, verstehe. Schade, dass der Säbelzahntiger kein Schild um den Hals getragen hat, auf dem ‚Achtung, bissig!‘ stand."

„Wieso?"

„Weil dann würde es vielleicht den Neandertaler noch geben."

„Ich verstehe, du neigst zur Ironie. Du solltest es vielleicht einmal mit Kabarett probieren. So als Hobby."

„Das ist es mittlerweile geworden."

„Wie?"

„Egal. Ich will in meinem Leben mehr Wagnis, mehr Nervenkitzel, mehr Krimi."

„Was heißt ‚mehr Krimi‘?"

„Nun, ich bin davon überzeugt, dass wir unsere Sehnsucht nach Unvernunft an Verbrecher in Filmen und Serien auslagern. Die machen dort alles, was wir gerne machen würden. Lügen, betrügen, schnell fahren, Türen aufbrechen."

„Gegner eliminieren."

„Ganz ehrlich, das ist niemandem fremd. Jeder Mensch kennt einen Menschen, dessen Nichtexistenz ihm ein kleines Lächeln ins Gesicht zaubern würde."

„Darf ich dich was fragen?"

„Gerne."

„Bist du ein Psychopath?"

„Nein! Das passiert doch alles nur in der Vorstellung. Gott sei Dank unterliegen Wünsche nicht dem Strafrecht. Also noch nicht. Die Umsetzung so mancher verborgenen Sehnsucht lebt der Kriminelle im Film aus. In Wahrheit mordet er nur für uns. Und weißt du, was das Schönste ist?"

„Nein."

„Es gibt in der Filmgeschichte keinen einzigen Verbrecher mit Fahrradhelm."

„Deswegen ist er ja ein Verbrecher."

„Helmut, die ganze Menschheit hat mit kriminellem Verhalten begonnen. Eva hat vom Baum einen verbotenen Apfel gestohlen. Kurz darauf wurde Abel von seinem Bruder Kain erschlagen."

„Stell dir einmal vor, Abel hätte schon damals einen Fahrradhelm ..."

„Kannst du auch an etwas anderes denken?"

„Okay. Laut diesen beiden Geschichten stammt der Mensch also nicht vom Affen ab, sondern vom Verbrecher."

„So würde ich es nicht sagen. Aber diese Geschichten haben ihre Faszination bis heute nicht verloren, weil sie vom Verbotenen erzählen. Die Storys aus dem Alten Testament wären nicht weitererzählt worden, wenn Adam den ganzen Tag Apfelbäume umarmt und Kain für seinen kleinen Bruder Schnuller geschnitzt hätte."

„Letzteres wäre auch ein Verbrechen."

„Wieso?"

„Laut einer schwedischen Studie werden Schnullerbabys mit einer vierzig Prozent höheren Wahrscheinlichkeit später Alkoholiker. Man vermutet, sie verknüpfen bis ins hohe Alter das Gefühl der inneren Ruhe mit dem Saugreflex. Wegen dieses Langzeitschadens würde ich Schnuller verbieten."

„Die meisten Menschen sterben in Betten. Sollen wir jetzt Betten verbieten?"

„Das muss man sich im Einzelfall ansehen. Also wenn sie TÜV-geprüft sind, dann ..."

„Nein, Betten brauchen keine Pickerl! Wir müssen Ängste bekämpfen und ihnen nicht neue Entfaltungsmöglichkeiten bieten. Die Furcht steht viel zu oft am Dirigentenpult menschlichen Handelns."

„Wie meinst du das?"

„Dafür gibt es unzählige Beispiele. Auf Mineralwasserflaschen muss ein verpflichtendes Ablaufdatum stehen. Da frage ich mich immer, was soll einen Tag danach passieren? Verwandelt sich dann das Mineralwasser in Salpetersäure? Jede Jahreszeit hat mittlerweile ihre eigene Gefahrentradition. Im Winter der Christbaumbrand. Im Frühling die Zecken. Im Sommer der Sonnenbrand. Und im Herbst warnen die Autofahrerclubs vorm Winter. Die Angst hat mittlerweile auch den

Sport infiziert. Anfang des 20. Jahrhunderts haben europaweit die meisten Fußballmannschaften mit fünf Stürmern gespielt, heutzutage spielt man oft nur noch mit einem. Das ist ein eindeutiges Indiz für die angstzentrierte Entwicklung unserer Gesellschaft: Hauptsache, wir kriegen kein Tor!"

„Und, ist das schlecht? Soviel ich weiß, wurde Griechenland ganz ohne Stürmer Europameister."

„Aber so einen Fußball will niemand sehen! Wir brauchen mehr Mannschaften, mehr Politiker, mehr Individualisten, deren Mut die Angst erzittern lässt."

„Klingt ziemlich pubertär. Liest du keine Nachrichten? Oft endet das Überwinden der Vernunft vor dem Konkursrichter, dem Chirurgen oder am Seziertisch eines Pathologen."

„Hör endlich mit deinem penetranten Alarmismus auf! Wusstest du, dass im antiken Griechenland die Überbringer schlechter Nachrichten umgebracht wurden?"

Ich rücke einen Schritt näher.

„Du willst doch nicht?"

„Nein, du gehörst mir gar nicht. Außerdem, wenn ich ganz ehrlich bin, liebe ich solche Diskussionen. Damit klopfe ich die Standfestigkeit meiner Argumente ab."

„Und, bist du bis jetzt zufrieden?"

„Ja! Und falls nicht, werde ich es dir als Diskussionsgegner wohl kaum verraten."

„Na bitte, auch du suchst die Sicherheit."

„Wie?"

„Einen Irrtum zugeben bedeutet immer auch ein Risiko. Deswegen wiegst du dich lieber in der Sicherheit des Falschen."

„Helmut! Unter den Helmen bist du sicher die größte Nervensäge."

„Ich bin der Einzige, der mit dir spricht."

Kurz herrscht zwischen uns wieder Schweigen.

„Vielleicht sprichst du bei mir wirklich einen wunden Punkt an."

„Wie?"

„In Wahrheit strebe ich in meinem Leben ständig nach Sicherheit. Ich habe eine private Krankenversicherung, eine Pensionsvorsorge und auf dem Dach einen Blitzableiter. Dabei würde ich gerne meinem Leben mehr Leichtsinn schenken."
„Woran hast du gedacht?"
„An so kleine Alltagsübungen. Einmal Reifenwechseln ohne Warnweste."
„Ist auf der Autobahn verboten."
„Okay, dann zumindest Joggen ohne Pulsmesser."
„Na ja, in deinem Alter schon ein wenig kühn."
„Dann zumindest im Supermarkt bei der Kassa auf den Warentrennstab verzichten. Ich möchte einfach einmal das Wagnis eingehen, die Mandarinen vom Kunden hinter mir mitzufinanzieren. Meine Risikobereitschaft endet mittlerweile dabei, dass ich einmal in der Woche nach Mitternacht schlafen gehe und beim Toaster den Bräunungsgrad von zwei auf drei stelle."
„Wenn ich vielleicht anmerken darf, das mit dem Toaster ist krebserregend."
„Danke, Helmut, für den Hinweis. Dann stelle ich ihn morgen auf Stufe vier."
Ich setze zum Gehen an.
„Wohin willst du?"
„Helmut, ich muss ..."
„Warte! Jetzt, wo wir am Plaudern sind."
„Was wünscht man eigentlich einem Fahrradhelm?"
„Einen Schädel?"
Ich drehe mich Richtung Tür und blicke noch ein letztes Mal in das Abteil. Ich öffne die Tür.
„Aua!"
Ich blicke auf meinen blutenden Finger.
„Der Nagel. Warum hast du nichts gesagt?"
„Du wolltest doch mehr Risiko."

Nachdem ich die Tür zugesperrt habe, halte ich meine linke Hand unter meine rechte. Ich möchte den Gang nicht unnötig beflecken. Ein Pfad aus dicken roten Blutstropfen würde die Fantasie jedes Kunden sofort befeuern. Vor allem, wenn er direkt vor der Tür eines Abteils endet. Ich eile Richtung Büro. Doch mein Lauf wird von einem Streitgespräch unterbrochen. Es ertönt aus einem Abteil mit der Nummer 2013. Ich halte mein Ohr gegen die Tür. Tatsächlich, da streiten zwei. Ich schlecke meinen blutenden Zeigefinger ab und schließe mit meiner linken Hand die Tür auf.

„Bei dir versteh ich das gelbe Pickerl."
„Und ich versteh's bei dir!"
„Weißt du, was du mich kannst?"
In dem Abteil riecht es nach einer Mischung aus Heu, Torf und Kompost. An der rechten Wand lehnen mehrere Gartengeräte. Rechen, Heckenschere, Baumsägen. Daneben hängen zwei durchaus ähnliche Geräte. Beide bestehen aus einem langen grauen Plastikrohr, an dem ein Griff befestigt ist. Ich nehme eines der beiden in die Hand.

MAX & MARY I

„Wieso greifen Sie zu ihr?"

„Weil er eben Geschmack hat."

„Oder weil er blind ist!"

„Hören Sie nicht auf den. Guten Abend. Schön, dass Sie mich verwenden wollen. Ich bin die Mary!"

„Und ich bin der Max! Nehmen Sie mich!"

„Wer sind Sie beide?"

Mary: „Ich bin derzeit auf dem Markt einer der beliebtesten Laubsauger."

Max: „Und ich bin derzeit auf dem Markt einer der beliebtesten Laubbläser."

Ich hänge Mary zurück auf den Haken.

Max: „Siehst, er hat schon wieder genug von dir."

Mary: „Na und? Dich hat er nicht einmal ignoriert."

„Wenn ich da kurz einhaken darf."

Mary: „Ah, einhacken! Sehr gut! Sie sind ja doch auf meiner Seite."

„Wieso?"

Mary: „Weil Sie drauf anspielen, dass bei uns Laubsaugern das Laub zerhackt wird, stimmt's?"

„Wie bitte?"

Mary: „Ich sauge das am Boden befindliche Laub auf, führe es über die Röhre in einen Häcksler, verarbeite es dort zu Kompost, der wieder die Erde düngt, während Max nur einfach das Laub irgendwo hinbläst. Meistens auf das Grundstück vom Nachbarn. Kurz gesagt: Wir verkörpern technologisch und ideologisch ein völlig unterschiedliches Konzept."

Max: „Für das Nachbargrundstück kann ich nichts. Ich bin nur das Werkzeug."

Mary: „Da stellt sich schon die Frage: Ist die Pistole am Mord beteiligt? Ich denke schon."

Max: „Gerade du wagst es, über Mord zu sprechen! In deinem Häcksler werden jeden Herbst Tausende Käfer und Würmer zerstückelt, zerhackt. fasciert, geschre..."

Mary: „Und bei dir?"

Max: „Bei mir? Da ... da werden sie delokalisiert."

Mary: „Jetzt verheimlichst du aber deine dunkle Seite. Denk an letzten November. Da hast du mit deinem unnötigen Gebläse einen süßen Igel aus seinem Laubhaufen gepustet. Das war eine brutale Abschiebung aus der Winterbleibe."

Max: „Immerhin habe ich den Igel nur geweckt und nicht ermordet."

„*Wie?*"

Max: „Der Herr Stoisits."

„*Wer?*"

Max: „Unser Besitzer – der vermisst seit letztem Herbst eines seiner kleinen Kätzchen. Es war so süß. Ein Samtpfötchen. Und es geht das Gerücht, dass ..."

Mary: „Jetzt hör endlich mit diesen infamen Unterstellungen auf!"

Max: „Wieso? Nur wegen deiner skrupellosen Brutalität befinden wir uns überhaupt hier. Auf dem Endbahnhof der Gegenstände. Und stehen kurz vor unserer Vernichtung."

„*Wieso Vernichtung?*"

Mary: „Na, das gelbe Pickerl auf uns."

„*Was ist damit?*"

Max: „Sämtliche Gegenstände, die im Storage mit den gelben Klebern gekennzeichnet sind, werden ‚entsorgt'. Wir sind dem Tod geweiht."

Mary: „Ist ein Zusatzservice von Herrn Kurt."

Max: „Ave, Kurtus, morituri te salutant!"

„*Wirklich?*"

Mary: „Frage: Seit wann arbeiten Sie hier im Yourplace?"

„*Seit Montag.*"

Max: „Das merkt man."

„*Aber warum kleben auf Ihnen diese Pickerln? Sie beide wirken noch funktionstüchtig.*"

Mary: „Was mich betrifft, haben Sie recht. Im Fall von Max: ja, aber mit Abstrichen. Man müsste vor seinem nächsten Einsatz ein Loch in seinem Führungsrohr auskleben, seine Luftführungs-kurve säubern, die Karabiner bei seinem Haltegurt ersetzen, seinen Keilriemen im Motor erneuern und beide Akkus tauschen, aber dann, dann kann man den Max mit ruhigem Gewissen auf willhaben.at stellen. Natürlich in die Rubrik ‚Zu verschenken‘.“

Max: „Du bist so eine Idiotin!“

Mary: „Bitte ‚Idiot‘. Beleidigungen muss man nicht gendern.“

„Gut, ich lass Sie beide allein weiterstreiten.“

Ich drehe mich zur Tür.

Max: „Bitte nicht, Herr Eckel!“

„Woher kennen Sie meinen Namen?“

Max: „Der hat sich im Storage mittlerweile herumgesprochen.“

Mary: „Vor allem, weil Sie ein GVler sind.“

„Ein was?“

Max: „Ein GeVauler!“

„Wofür steht das? Grüner Veltliner?“

Mary: „Nein! Ein Gegenstandsversteher. So nennt man Menschen mit Ihrer Fähigkeit.“

„Wie viele GVler gibt es denn weltweit?“

Mary: „Keine Ahnung. Sie sind unser Erster.“

Max: „Sie müssen uns helfen. Bitte bewahren Sie uns vor Petre und Havel.“

„Wer ist das?“

Mary: „Kurts Rumänen. Aber die heißen doch Petre und Pavel.“

Max: „Nein Havel.“

Mary: „Havel ist ein Nachname. Zum Beispiel: Vaclav Havel, der war tschechischer Präsident.“

Max: „Unsere beiden Entsorger sind aber keine Tschechen.“

Mary: „Egal. Ein Nachname ist nie ein Vorname!“

Max: „Ach so? Und warum gibt es dann Spencer Tracy und Bud Spencer?“

Während die beiden weiter streiten, schleiche ich mich aus dem Abteil. Ich gehe zurück ins Büro. Mein Finger hat mittlerweile aufgehört zu bluten. Trotzdem hole ich mir aus dem Verbandskasten ein Pflaster. Weniger aus medizinischen

Gründen denn in der Hoffnung auf einen weiteren Gesprächspartner. Ich befreie das Pflaster von seiner Hülle, betrachte es und sage: *„Hallo?"* Keine Antwort. *„Hallo?"* Wieder nichts. Ich blicke mich im Büro um. Wenigstens bin ich allein. Dass ich die Fähigkeit habe, mich mit einem Gegenstand zu unterhalten, würde mir niemand glauben. Außer es handelte sich bei dem Gegenstand um einen dieser smarten Lautsprecher. Diese Dinger drängen sich immer häufiger auf Wohnzimmerregale und schieben dort Blumenvase und Kochbuchsammlung selbstbewusst zur Seite. Vor einiger Zeit hat mir ein Bekannter eine solche Wunderbox mit den Worten „Die weiß wirklich alles!" begeistert vorgestellt. Ich habe den smarten Lautsprecher dann sofort mit einer der großen österreichischen Lebensfragen konfrontiert: *„Alexa, wo woa mei Leistung?"* Auch nach mehrfacher Wiederholung habe ich nur beharrliches Schweigen geerntet. Es fällt der künstlichen Intelligenz ganz offensichtlich schwer, natürliche Idiotie zu entschlüsseln.

Ich blicke auf die Bürouhr. 20:37 Uhr. Soll ich morgen beim Frühstück meiner Familie von meiner neuen Fähigkeit erzählen? *„Guten Morgen, ihr glaubt nicht, welches Talent ich gestern im Job bei mir entdeckt habe: Ich kann mit Gegenständen sprechen! Und sie mit mir! Ist das nicht großartig?"* Unter den möglichen Antworten wäre „Du spinnst ja völlig" die charmanteste. Meine Tochter würde wahrscheinlich unmittelbar nach meinem Outing ihre beste Freundin anrufen und ins Telefon prusten: „Mein Papa ist ein Pflasterflüsterer." „Wirklich? Der ist ja voll psycho." In den darauffolgenden Wochen würden mich ihre Freundinnen großräumig umgehen. Auch die Reaktion mancher Kabarettkollegen habe ich sofort im Kopf. „Du, seit Corona sauf ich auch viel mehr." Angesichts der Aussicht auf so viel Verständnis beschließe ich, meine Fähigkeit für mich zu behalten. Zumindest vorerst. Ich wickle das Pflaster um den Finger und bin nach wie vor ein wenig enttäuscht, dass ich von ihm keine Antwort erhalte. Ich öffne die braune Mappe, die vor mir auf dem Schreibtisch liegt, und blättere mich durch die Unterlagen. Mein Blick fällt auf eine handgeschriebene Liste mit Nummern von Lagerabteilen. 4022, 2021, 10021, 6029, 7007. Eine Systematik kann ich nicht erkennen. Darunter steht jedoch ein einziges Wort, das keine Fragen offenlässt: „Entsorgung". Diese zehn Buchstaben sind derart kursiv und kantig auf das Blatt gekritzelt worden, man könnte glauben, es sei die Handschrift von einem Obersturmbannführer. Vielleicht hat meine Assoziation auch etwas mit der Schlichtheit des Begriffes zu tun. Mit dem kalten Befehl, der diesem Wort innewohnt. Man muss Kurt zugutehalten, dass er zumindest nicht „Deportation" geschrieben hat. Mir fällt die Nummer 2013 auf. Das ist das Abteil, in dem Max und Mary hängen. Das gelbe Pickerl bedeutet also wirklich, dass bald Kurts rumänische Hilfsarbeiter die Dinge endgültig entsorgen werden.

Ich überlege mir, die beiden Männer auch für zu Hause zu buchen. Wir ersticken dort in Dingen. Vor allem durch unseren Keller muss man sich mittlerweile einen Weg freischaufeln. Gelegentlich versuchen wir, uns von manchen Objekten zu trennen. Doch das familiäre Aussortieren endet immer mit demselben Ergebnis. Nichts kommt weg und die Kinder heulen. Das Behalten jedes Gegenstandes beruht abwechselnd auf drei Argumenten: „Vielleicht können wir den noch brauchen." „Der war wirklich teuer." Oder: „Mit dem wollen sicher noch unsere Enkelkinder spielen." Die letzte Begründung wirft in meinem Kopf stets dieselbe Frage auf: Kann ein Kind im Jahr 2037 überhaupt etwas mit einem Mary-Poppins-Kaufmannsladen mit Messinggewichten und Bargeldfach anfangen? Meine Zweifel sind mir jedoch nur selten eine Diskussion wert. Auch dieser Gegenstand darf bleiben, und ich werde einfach in ein paar Jahren einen Keller an den Keller anbauen. Wir werden weiter Dinge schnell kaufen, kurz benutzen und schließlich lange einlagern. Doch ich fühle mich bezüglich meines Konsums in der Rolle, die den meisten Menschen in die Wiege gelegt wurde. In jener des Opfers. Täglich bemühen sich millionenschwere Werbebudgets, meinen Verstand von der Sinnhaftigkeit des Sinnlosen zu überzeugen: Kauf dies, kauf das. Die in meinem Gehirn mit bescheidenen Mitteln ausgestattete Firewall schafft viel zu selten, diese Überzeugungsattacken abzuwehren. Irgendwann liegen sie wieder in meinem Warenkorb: die neuen Wanderschuhe, die neuen Tablets, die neuen Tennisschläger. Von Letzteren hat in den vergangenen zwanzig Jahren kein Einziger meine Rückhand verbessert. Die von mir in der Familie ständig verwendete Phrase *„Wir haben doch schon alles"* wird von sämtlichen Shoppingparks mit „leider nein" beantwortet. Natürlich, Dinge schaffen Arbeitsplätze. Doch damit haben sie uns auch im Griff. Im Vergleich zu den Gegenständen stellen wir Menschen auf der Welt mittlerweile eine Minderheit dar. Wenn von uns Menschen auf der Welt keine Spur mehr auffindbar ist, werden etliche dieser Dinge noch immer existieren. Die Schöpfung überlebt den Schöpfer. Der einzige Beweis, dass wir als Spezies den Planeten bewohnt haben, ist in Tausenden von Jahren vielleicht ein verfallenes, vollgeräumtes Einkaufszentrum in Lienz. Nach dem unsere Epoche auch noch benannt wird: die City-Center-Culture. Deren architektonische Meisterleistungen waren Kreisverkehr und Lärmschutzwand. Ein beängstigender Gedanke.

Beim abendlichen Wegräumen von Spielsachen, Kochgeschirr und Schuhen träume ich immer wieder davon, ein Minimalist zu sein. Eigentlich wäre das nicht schwer. Es gibt eine einfache Regel: Ein neuer Gegenstand darf das Haus nur betreten, wenn gleichzeitig drei alte Gegenstände selbiges verlassen. Müll zählt nicht. Die Meister unter den Minimalisten schaffen es, mit nur einhundert Dingen auszukommen. Das ist für mich unvorstellbar. Ich besitze mehr Büroklammern. Doch meine Faszination für das Thema bleibt. Auch weil seit einigen Jahren auf Partys die Reduktion von Besitz ein begehrtes Gesprächsthema ist. Minimalisten sind die neuen Vegetarier. Wer einer ist, erzählt dir sofort davon. „Durch die Ruhe im Außen findest du zur Stille in dir." Eines der Gebote des Verzichtskatechismus. Eine Vertreterin der Lehre der Leere hat mir erklärt, dass sie sich bei jedem Gegenstand, der bei ihr wohnt, fragt, ob er sie glücklich macht. Falls nicht, muss er sie verlassen. Die konsequente Umsetzung dieser Prämisse wäre vermutlich das Todesurteil für jede Personenwaage. Die macht nur glücklich, wenn sie kaputt ist.

Meine Überlegungen haben mich hungrig gemacht. Ich beiße in ein vor mir auf dem Schreibtisch liegendes Dinkel-Gemüse-Weckerl. Die Pandemie hat bei mir tatsächlich eine gesunde Lebensphase eingeleitet. Die trockenen Reste im Rachen spüle ich mit einem Glas Wasser hinunter. Da bemerke ich, dass zwischen meinen Zähnen zerkautes Gemüse steckt. Ich öffne die Schreibtischlade und entdecke eine vergilbte Streichholzschachtel. Mit der Rückseite eines der Streich-hölzer versuche ich, die ungebetenen Besucher aus meinem Gebiss herauszukratzen.

WILMA

„Wäh, was is des?"

„Wie?"

„Na, des auf meim Holz?"

„Wer spricht mit mir?"

„I!"

Ich schaue mich im Raum um.

„Außerhalb von dia brauchst goa ned suchn."

Die Stimme kommt aus meinem Mund. Etwas zögerlich nehme ich das Streichholz aus den Zähnen.

„Du?"

„Bingo!"

„Ein Streichholz spricht mit mir. Ist das putzig!"

„I fackel dia glei des Büro o, damitsd waßt, wie putzig bin."

„Bitte beruhige dich. Die Gegenstände, mit denen ich bis jetzt kommuniziert habe, waren alle bedeutend größer."

„Aber kana woa mächtiger. I brauch nur a bissl a Reibung und schon steht ois in Flammen."

„Da magst du schon recht haben, aber das wäre Missbrauch."

„Du redest was von Missbrauch. Und was is des auf meiner Kehrseitn?"

Ich betrachte das Ende des Streichholzes.

„Ich glaube, das ist Blattspinat. Der hat sich in eine Schneidezahnritze verirrt."

„Du ziagst da mit mir a Hasenfutter aus de Zähnt? Hast du scho mei Bedienungsanleitung glesn?"

„Welche Bedienungsanleitung? Du bist eben multifunktional."

„Des bin i aber a ohne Spinat. I spend Licht, Wärme, Feuer. Vergleich des amal mit den Fähigkeiten von ana Rohrzange, ana Zitruspresse oder ana Schwimmnudel."

„Deine Vielfältigkeit ist wirklich nicht wegzudiskutieren. Wegen eines Streichholzes habe ich sogar nach dem letzten Familienabendessen die Teller abwaschen müssen."

„Des versteh i ned."

„Wir hatten in der Familie ausgemacht, wer das kürzeste Streichholz zieht, räumt weg.“

Das Streichholz lacht laut auf.

„I hob ma scho dacht, dassd a bissl a Wappler bist.“

„Noch eine Beleidigung und ich zünde dich an.“

„Bitte! Nix warat ma lieber.“

„Wie?“

„Alles niederfackeln – des is da feuchte Traum von jedem trockenen Streichholz.“

„Vielleicht zünde ich mit dir aber auch nur ein Ikea-Teelicht an.“

„Wehe! Wennsd des machst, reiß i dein Hintern so weit auf, dassd beim Kasperl als Handpuppn mitmochn kannst.“

„Woher kennst du den Spruch?“

„Vom Trafikanten, der mi verkauft hat. I bin monatelang bei eam am Ladentisch in am Schachterl glegn.“

„Muss ein feiner Mensch sein.“

„I find scho.“

„Wie heißt du überhaupt?“

„Wilma.“

„Dafür, dass du weiblich bist, wirkst du ganz schön ruppig.“

„Ruppig? Dank meiner Zärtlichkeit habts ihr Menschen euch überhaupt vermehrt.“

„Wie?“

„Na, was is in sämtlichen Ländern der Welt seit Jahrhunderten der beste Aufreißspruch?“

„Weiß nicht.“

„Hast du Feuer?“

„Nein, tut mir leid, aber du bist doch das Streichholz.“

„Heast, bist du so deppad oder stellst di nur so? ‚Hast du Feuer?‘ is da beste Aufreißspruch.“

„Ah ja. Obwohl, diese Frage könnte man auch mit einem Feuerzeug beantworten.“

„Du wüßt mi aber jetzt ned mit an speibadn Taschendrachen vergleichen?“

„Wieso nicht?“

„Kennst du ned dieses Gefühl, wenn es im Winter draußen schneit und du den Kamin im Wohnzimmer mitn Ratschen von am Streichholz anzündest? Auf der Steinplatte steht a Glasl Whiskey und davor am Eisbärfell schnurrt da Perserkater. So a Gfühl kriegt a schiacher Bic-Brenner nie hin. Versteh gar ned, warum die ned verbotn san."

„Wieso?"

„Weil irgendwann schwimmt der ganze Plastikdreck im Meer, verstopft den Magen vom Kabeljau, und der landet bei euch als Fischstäbchen am Teller. Die meisten Einwegfeuerzeuge machen sowieso nur a Rundreise."

„Na ja, bei einem Streichholz hängt die Ökobilanz auch stark davon ab, woher das Holz stammt."

„Glaubst, mi hams ausm Regenwald eingflogn? I komm aus Szeged, Ungarn. Bin also mehr oder minder a Biostreichholz aus der Region."

„Trotz deiner offensichtlichen Vorteile wirkst du gegenüber Feuerzeugen sehr angespannt."

„Bin i a, weil die haben sich politisch kaufn lassn."

„Wie?"

„Lies dia do amal durch, was auf denen alle vier Jahre oben steht: SPÖ, ÖVP, FPÖ. Lauter Wahlkampfdreck. Obwohl, wahrscheinlich passts. Feuerzeuge san so wie die Kandidaten, für die sie werben. Drei Mal gebens Gas und schon is nix mehr drin."

Wilma lacht laut über den eigenen Witz.

„Ma, i solltat Kabarett machn."

„Ist derzeit verboten."

„Wieso?"

„Pandemie."

„Ah ja, deswegen tragen jetzt alle Menschen so an Fetzn vorm Gsicht. Des is sowieso lächerlich. Wenn mi a Virus bedroht, dann fackel i eam nieder. Und was machts ihr? Ihr versteckts euch monatelang vor so an fuzzikleinen Proteinknederl unterm Bett und nennts des Homeoffice. Also, mit so an Verhaltn is ma sicher ned die Speerspitze der Evolution."

„Danke. Ich werd's weiterleiten. Stört dich sonst noch was an Feuerzeugen?"

„Der Geruch. Aus so an Wegwerfbrenner strömt Propan und Butan. Grauslich. Da kannst nachher dei Nasn auf Reha schickn. Bei an Streichholz verbrennt a Gemisch aus Schwefel und Phosphor. Da entsteht Erinnerung."

„An die Zeit als Raucher?"

„Na, an Geburtstag und Weihnachten. Die Kerzen auf ana Tortn zündet jeder normale Mensch mit am Streichholz an. So a Glasur schmeckt am besten, wenn sie vorher von meim Geruch parfümiert wordn is."

„Sagt die Farbe vom Streichholzkopf eigentlich etwas über die Qualität des Streichholzes aus?"

„Na, des is a reine Geschmacksgschicht. I bin klassisch karminrot. A dezentes, zurückhaltendes Energiebündel."

„Das mit dezent verbirgst du aber gut. Aus welchem Holz bist du eigentlich?"

„Pappel."

„Wieso nicht aus Eiche oder Kiefer?"

„Pappel is des beste Streichholzholz."

„Das würde ein Eschenstreichholz vielleicht auch behaupten."

„Na, Esche is spröde. A Pappel is stabil, hohe Hitzeentwicklung, mei Brennwert liegt bei über eintausendzweihundert kWh, und in der Produktion lasst si bei der Pappel die Rinde leicht entfernen. Sonst no Fragn?"

„Ja, wieso hast du's eilig?"

„I wü, dassd mi anzündst. Mach aus mir a Lagerfeuer."

„Das ist hier im Storage verboten. Außerdem bist du dann nur noch Holzkohle!"

„Na und? Ich folge meiner Bestimmung. Du wirst sehn, mei Zündgeräusch is vornehm, mei Brenndauer beträgt 8,4 Sekunden und mei Flamme entfaltet eine Höhe von 1,2 Zentimeter. Des is a absoluter Branchenspitzenwert."

„Warum verkaufst du mir deine Vernichtung?"

„Da antwort i mit John Wayne: ‚Es ist ein harter Job, aber irgendwer muss ihn ja tun.‘“

„Du magst Western?“

„Na klar, a jedes Streichholz träumt davon, in der Prärie von an am Pferd sitzenden Kopfgeldjäger entzündet zu werden. Er wetzt di mit ana lässigen Bewegung über die Sohle vom Cowboystiefel. Leider verenden die meisten von uns vor der Eingangstür einer viertklassigen Alkoholikertränke.“

„Jetzt stell dein Licht nicht unter den Scheffel. So manches Streichholz hat sogar Geschichte geschrieben. Nero hat mit einem einzigen ganz Rom angezündet.“

„Historisch bist aber ziemlich blank.“

„Wieso?“

„62 nach Christus hats überhaupt keine Streichhölzer gebn. Da hams no Reibesteine aus Eisen verwendet.“

„Interessant!“

„Erst 1832 hat a englischer Apotheker uns aufm Markt bracht. John Walker. Viel Geld hat er aber ned mit uns gmacht.“

„Wieso?“

„Der Wurschtl hat vergessn, uns zu patentieren. Aber Geschichte hamma wirklich gschrieben. I sag nur ‚Teheran‘.“

Ich schaue Wilma fragend an.

„Hab mir scho dacht, dass da bei dir nix klingelt. 1943, Konferenz von Teheran. Dort hat der Churchill mit drei Streichhölzern dem Stalin und dem Roosevelt erklärt, wie ma Europa nach dem Krieg aufteilt.“

„Wirklich?“

„Na klar, da sparst den Dolmetscher. Wenn di des interessiert, dann fahr einfach nach Schweden, genauer gsagt nach Jönköping.“

„Was gibt's dort?“

„A Streichholzmuseum.“

„Wirklich?“

„Ja! Dort wird alles erklärt. Phosphorgemische, Holzqualitäten und, ned vergessn des Highlight, der Raum mit historischen Streichholzschachteldesigns.“

„*Und da kommen Besucher?*"

„Des waß i ned. I waß nur, die Öffnungszeiten sind jeden dritten Montag im Monat, zwischen 14:30 und 15:45 Uhr, aber nur, wenn in der Woche davor kein Vollmond war."

„*Die Öffnungszeiten haben sich also der Nachfrage angepasst.*"

„Wie?"

„*Egal! Wie viele Streichhölzer sind eigentlich heutzutage in einer durchschnittlichen Verpackung?*"

„Achtunddreißig ist die Norm. Manchmal san a nur vierunddreißig drinnen, manchmal aber auch zweiundvierzig."

„*Das Glück ist also kein Vogerl, sondern eine Streichholzschachtel.*"

Ich lächle.

„Das findest du lustig? Gott sei Dank brauchst du in deim Job kan Humor."

„*Derzeit nicht.*"

„Zurück zum Thema. Drei Prozent Mengenabweichung san bei Streichhölzern gesetzlich erlaubt."

„*Dafür gibt es ein Gesetz?*"

„Leider. Ihr Menschen seids ja umzingelt von vertrottelten Vorschriften."

„*Gibt es eine, die dich besonders stört?*"

„Brandschutz."

„*Gerade über den bin ich aber dankbar.*"

„Schwachsinn is der. Genau wegen dem schnackselt eure Jugend heut so wenig."

„*Versteh ich nicht.*"

„Na früher, wie hast als junger Bua a Madel checkt? Gitarre, Lagerfeuer und ‚Tears in Heaven' trällern. Da hast schiach wie da Zins sein kennan, aber wennsd des gmacht hast, warst nachher im Schlafsack sicher ned alla."

„*Das könnte heute jeder junge Mann noch immer machen.*"

„Na. Erstens kann kana mehr gscheid Gitarre spühn, und zweitens wird des Lagerfeuer ständig behördlich verboten. Heut sitzt die Jugend auf ana Wiesn im Kreis ums iPhone herum, öffnet a Flammen-App und hört dazu MC-Fetzenschädl featuring Lady Schminktipps."

„Zugegeben, das hat sich verändert. Aber die Lagerfeuerverbote entstanden aufgrund der vielen vertrockneten Wälder."

„Jetzt komm ned du a no mit dem ganzen Klima-Blabla."

„Glaubst du nicht daran?"

„I sag da ehrlich, i komm aus der Natur. I war ewig Teil von an Baum. I hab scho Orkane, Hagel, Trockenheit erlebt, da habts ihr alle no ned amal in die Windeln gschissn."

„Könnten wir uns vielleicht auf eine andere Sprache einigen?"

„Einigen ned, aber i werd mi bemühn. I will nur sagn, die Natur passt si an, wir brauchn kan Schutz, aber ihr Menschen seids Mimosen. A bissl a Hitz, scho tuats kollabieren, a bissl a Eis, scho tuats ausrutschn, a bissl a Hochwasser, scho tuats Gummistiefeln anziehn. Da is vom Tarzan wenig übrig."

„Dir sind Unwetter egal?"

„A Pappel mag des Wasser."

„Als Streichholz wahrscheinlich weniger."

„Ma, du bist a Gscheitwaschel! Ka Wunder, dass di beruflich auf kane Menschen loslassn."

„Normalerweise schon."

„Wie?"

„Vergiss es. Um ehrlich zu sein, ich habe es schon immer faszinierend gefunden."

„Was?"

„Na das Feuer."

„Bist a Pyromane?"

„Nein! Wieso?"

„Die meisten san so wie du. Zu neunzig Prozent männlich, weiß, beruflich frustriert und einsam."

„Moment einmal, ich bin erstens verheiratet."

„Na, die meisten Einsamen san verheiratet. Des is sowieso des Schlimmste, wennsd zu zweit einsam bist."

„Woher weißt du das?"

„Vom Trafikanten.“

„Du wurdest sichtlich von einem Misanthropen lebensphilosophisch ziemlich einseitig geimpft.“

„I muss di ned immer verstehn, oder? Arbeitest du eigentlich nebenbei bei der FF?“

„Bei was?“

„Freiwilligen Feuerwehr. A Drittel aller Pyromanen is dort Mitglied. Zuerst tuans zündeln, dann tuans löschen. Im Schädl von denan möchat i a ned daham sein.“

„Nein, ich arbeite nicht bei der FF, und das, obwohl ich in Niederösterreich wohne. Dort kommt auf jede Streichholzschachtel ein Feuerwehrauto.“

„Na, was i dir gsagt hab. Ihr habts die Hosen voll vor uns.“

„Das ist nicht der einzige Grund. Die freiwillige Feuerwehr bietet auch ein Vereinsleben mit Kartenspielen, Musikkapelle und Feuerwehrfest. Und manchmal wird dort gelegentlich ständig getrunken.“

Wilma lacht.

„Des warat doch ein super Slogan zum Anwerben. ‚Die freiwillige Feuerwehr – wir löschen jeden Brand … außen und innen!‘“

Wilma kann sich vor Lachen kaum beruhigen.

„Ma, i sollt Kabarett machen. Du, warum haßt des eigentlich freiwillige Feuerwehr? Es gibt ja auch keine freiwilligen Straßenbahner oder freiwillige Kanalräumer.“

„Das weiß ich nicht genau. Ich glaube, das ist historisch gewachsen. Aus einer Not, weil damals zu wenig berufliche Einsatzkräfte vorhanden waren.“

„Ihr Menschen scheißts euch volle Wäsch an vor uns! Des taugt ma!“

„Wilma, Sprache!“

„Gut. Ihr übt euch wegen uns in Eigenbekotung. Das erfrischt mich.“

Wilma lacht wieder.

„Mit dia hab i so a Gaude. I sag dia, im Kamin, zu Ostern, beim Grill'n. So a Feuer is immer was Schönes.“

„*Na ja, ich glaube, die rothaarigen Frauen im Mittelalter haben das anders gesehen.*"

„Da ist des Feuer von da Kirchn missbraucht wordn."

„*Ah ja, und was ist mit dem Fegefeuer?*"

„Des gibts gar nimmer. Des hat da Papst Benedikt in seiner letztn Enzyklika abgschafft."

„*Wirklich? Die Frage ist nur: Weiß der Herrgott davon?*"

„Ka Ahnung, vielleicht hat der Benedikt ihn beim E-Mail in cc gesetzt."

Wilma lacht wieder.

„Ma, i sollt Kabarett machen."

„*Weißt du, Wilma, ich versteh deine Begeisterung. Ich mag ja selbst auch die sprachliche Vieldeutigkeit des Feuers. Auf der einen Seite ist es positiv, wenn man eine zündende Idee hat, auf der anderen Seite negativ, wenn sich eine Wunde entzündet. Man kann jemanden anfeuern, aber auch brennen wie ein Luster.*"

„Für an Lagerarbeiter machst du dia aber viele unnötige Gedanken."

„*Ich bin auch eigentlich was anderes.*"

„Wirklich? Was?"

„*Kabarettist.*"

„Du? Muss ma da ned lustig sein?"

„*Also, beruflich klappt's – manchmal.*"

„Und was machst jetzt da im Storage? Suchst gebrauchte Witze?"

Wilma amüsiert sich köstlich über ihren Scherz.

„*Ich kann derzeit nicht auftreten. Wegen der Pandemie.*"

„Na jo, unterhaltest halt uns Streichhölzer. In der Schachtel vor dir samma genau siebzehn. I kann ma ned vorstellen, dass du normalerweise mehr Zuschauer hast."

Wilma lacht erneut laut auf.

„Du, nach der Pandemie sollt ma unbedingt a Duo machen."

„*Die anderen Menschen können dich doch gar nicht hören.*"

„Stimmt. Schad. Da hab i amal a Publikum und dann den Einzigen weit und breit, der kan Humor hat."

Ich lege die prustende Wilma in die Streichholzschachtel zurück.

„Moment?! Was soll des?! Reib mi auf und mach aus mir a Lagerfeuer."

„Nein! Sicher nicht."

„Na geh."

Ich schließe die Streichholzschachtel. Wenige Sekunden später ertönt eine gesummte Melodie. Ich öffne die Streichholzschachtel wieder.

„Wilma, was ist das für ein Lied?"

„Talking Heads. ‚Burning Down the House'. Des beruhigt mi."

Ich schließe die Streichholzschachtel. Wilma singt weiter. Ich bin genervt und versuche, sie zu ignorieren. Vielleicht muss man verhaltensauffällige Streichhölzer wie aufmüpfige Kinder behandeln. Ihnen keine Beachtung schenken, und schon hören sie irgendwann auf. Diese Strategie könnte man auch einmal bei narzisstischen Politikern ausprobieren. Aber wer erklärt das der Boulevardpresse? „Hold tight, wait 'til the party's over." Jetzt singt sogar meine innere Stimme mit. Da fällt mir eine Fotoausstellung ein, die ich vor Jahren in Köln gesehen habe. Titel: „Your House on Fire". Es wurden Gegenstände gezeigt, die Menschen aus verschiedenen Kulturen als Erstes retten würden, falls ihr Eigenheim brennt. Manche der abgebildeten geborgenen Gegenstände waren einander weltweit durchaus ähnlich: Handys, Computer, Autoschlüssel. Etliche Menschen hatten auch auf das Bergen ihrer Dokumentenmappe bestanden. Die Vorstellung, sich bei Ämtern für Meldezettel, Hochzeitsurkunde und Mietvertrag erneut anstellen zu müssen, produziert weltweit Schweißperlen. Vielleicht ist der kleinste gemeinsame Nenner der Menschheit die Angst vor der Bürokratie. Ansonsten zeigte die Ausstellung Dinge, die objektiv einen überschaubaren Wert hatten: Matrjoschkapuppen, Tennispokale, Traumfänger, Stoffpinguine und sogar Lockenwickler. Eine persönliche Beziehung kann den Wert eines Gegenstandes anscheinend ins Unbezahlbare steigern. An diese Hoffnung klammert sich vermutlich jeder Nasenhaarschneider.

Mit einem Blick auf die Wanduhr bemerke ich, dass ich die Zeit hier im Büro tatsächlich genieße. Keine weiteren Menschen, eine schlechte Internetverbindung, und sogar Wilma hat aufgehört zu singen. Meine Gedankenfabrik produziert neue Überlegungen. Zum ersten Mal seit Langem. Normalerweise besteht mein alltägliches Themenpotpourri aus Kindergeburtstagen, Einkaufslisten und der Umsatzsteuervoranmeldung. Es bedarf einer atmosphärischen Veränderung, um das Gehirn neu zu speisen. Für den einen mag das ein lichtdurchfluteter Ashram im tibetanischen Hochgebirge bieten, für mich ist es derzeit ein düsteres Selfstorage in Wien-Hernals. Ich stehe auf, um einen Blick auf die Pinnwand neben dem Kundeneingang zu werfen. Ist dort nicht irgendetwas über Räumungen gestanden? Tatsächlich. „Donnerstag, 17. Oktober – 09:00 Uhr Entsorgung Petre & Pavel". Das ist morgen. In wenigen Stunden werden alle gelb markierten Gegenstände weggeführt und in einen Container geworfen. Ihre endgültige Nutzlosigkeit wurde beschlossen. In mir erwacht der Impuls, dass ich diese Gegenstände besuchen möchte. Vielleicht haben sie das Bedürfnis nach einem offenen Gespräch. Es wäre ihr letztes und mein erstes. Ich würde damit zu einer Art Priester vor der Hinrichtung. Außerdem verbindet diese Gegenstände und mich derzeit ein gemeinsames Gefühl. Die Bedeutungslosigkeit. Vielleicht kann mir in meiner derzeit beruflich schwierigen Phase ein ausgemusterter Teppichklopfer mit Rat zur Seite stehen. Ich greife zur Mappe und laufe durch den Gang des Storage. Abteil 1030. Das ist gleich da vorne. Ich öffne die Tür. Alles wirkt sehr aufgeräumt. Klinisch aufgeräumt. Als würde ich mich im Schauraum eines italienischen Möbeldesigners befinden.

VANESSA

„Hier!"

Ich schaue mich um.

„Kalt, kalt!"

Ich schiebe eine kunstvoll verzierte Anrichte zur Seite.

„Wärmer!"

Dort steht ein dunkelbrauner geflochtener Wäschekorb.

„Noch wärmer!"

Ich öffne den Deckel.

„Na bitte!"

Zwischen verschiedenen Wäschestücken sehe ich das hellblaue Hosenbein einer Jogginghose herausragen.

„Hol mich hier raus!"

Ich lege die Jogginghose auf einen der schwarzen Stühle.

„Ich bin die Vanessa."

„Moment, ich habe zu Hause genau die gleiche. Du bist doch vom ..."

„Tchibo! Stimmt's, mein Kaffeegeruch war nach zwei Mal Waschen noch immer nicht draußen?"

„Ja, aber was machst du hier im Storage?"

„In der Wohnung oberhalb hat es einen Wasserrohrbruch gegeben. Jetzt hat der Gernot sein Apartment räumen lassen."

„Wer ist Gernot?"

„Mein Besitzer."

„Schön, dass du hier im Trockenen bist."

„Schon. Aber waschen hätt's mich vorher können, die Funsn."

„Welche Funsn?"

„Die Claudia, die Freundin vom Gernot."

„Entschuldige, aber warum muss immer die Frau die Hausarbeit machen? Das ist doch völlig retro."

„Wer macht das denn bei euch zu Hause?"

„Also ... das ist was anderes. Warum liegst du überhaupt in einem Wäschekorb?"

„Weil auf mir sieben Flecken sind."

„*Wie?*"

„Ab sieben Flecken muss ich in die Wäsche. Das verlangt die blöde Gurkn."

„*Welche Gurkn?*"

„Die Freundin vom Gernot."

„*Gurkn, Funsn. Können wir uns auf Claudia einigen?*"

„Die hasst mich. Angeblich passe ich nicht zur restlichen Mode."

„*Das ist mir auch aufgefallen. Unter dir sind im Wäschekorb zwei zerknüllte Hugo-Boss-Hemden gelegen und auf dir eine Armani-Unterhose.*"

„Ja, der klapprige Prada-Ständer verkleidet den Gernot ständig als Schnösel. Doch in Wahrheit sehnt sich sein Körper nur nach mir."

„*Wie kommst du darauf?*"

„Na kaum ist Guccinella aus der Wohnung, schlüpft der Gernot sofort in mich."

„*Und was treibt Gernots Beine stets in deine Arme?*"

„Das hat was mit seinem Beruf zu tun."

„*Wieso? Was macht er?*"

„Er ist ein Leading Business Angel in einer Investment Funding Society."

„*Aha. Und was macht er da genau?*"

„Keine Ahnung. Ich glaub, das weiß er selber nicht. Aber er stellt sich jedes Mal am Handy so vor. Irgendwas mit High-Performance-Hedge-Fonds und Low-Potential-Start-ups."

„*So, wie das klingt, wird man bald von ihm in den Nachrichten lesen.*"

„Im Wirtschaftsteil war er schon am Titelblatt."

„*Und genau die landen dann ein Jahr später in der Chronik. Aber egal, warum mag dich der Gernot eigentlich so?*"

„Also die Hannah sagt auf solche Fragen immer: ‚In einer Jogginghose muss man nichts mehr werden, sondern kann einfach sein.'"

„*Das klingt wie ein Kalenderspruch von einem buddhistischen Selbstfindungs-Guru. Und wer ist die Hannah?*"

„Meine beste Freundin. Ist dasselbe Modell, nur dunkelrosa.

Wir sind fünf Monate nebeneinander beim Tchibo gelegen. Die ist so gescheit! Die Hannah hat auch gesagt: ‚Die Jogginghose ist die Hose der Optimierungsverweigerer.' Jogginghosen führen zu Tiefentspannung und Entschleunigung."

„Man könnte sagen, ihr bietet Polyester-Wellness."

Kurzes Schweigen.

„Was soll die Beleidigung? Wenn ich mich mit Idioten umgeben will, dann bleib ich im Wäschekorb."

„Entschuldigung, kommt nicht mehr vor. Womit begründest du eigentlich den globalen Durchbruch der Jogginghose?"

„Das ist leicht. Wir fügen uns der Statur des Tragenden. Wir sind anschmiegsam. Das ist übrigens laut Hannah das schönste Wort der deutschen Sprache. Anschmiegsam."

„Die Anpassungsfähigkeit von Jogginghosen an Menschen ist tatsächlich beeindruckend. Ich behaupte, dass die Raffinesse eurer Erfindung vor allem mit dem Gummizug im Bund zu begründen ist."

„Richtig. Egal, ob kleiner Obstteller oder Chinesen-Mittagsbuffet: Wir drücken dank Gummiband nie. Weder am Bauch noch am Gewissen. Sagt zumindest die …"

„Hannah. Ich weiß."

„Doch unsere Flexibilität kann auch irreführend sein. So mancher Besitzer glaubt, dass er in letzter Zeit abgenommen hat, dabei ist nur das Gummiband seiner Jogginghose gerissen."

„Jogginghosen waren doch ursprünglich ausschließlich für die Freizeit gedacht, oder?"

„Ja. 1921 wollten die Menschen die Jogginghose tatsächlich zum Joggen nutzen."

„Das kann man sich heute gar nicht mehr vorstellen."

„Die Nazis haben uns dann verboten."

„Wieso?"

„Angeblich waren wir denen zu schlampig. In den 1980er-Jahren wurden wir von den Hip-Hoppern entdeckt, und in den 2000er-Jahren hat es noch einen Hype dank der Mattenbewegung gegeben."

„*Welcher Mattenbewegung?*"

„Yoga, Pilates, Bodywork. Die Hannah meint, wir hatten eine Zeitlang leider viel zu viel Erfolg."

„*Leider?*"

„Wegen der Neider. Laut DAJS gibt es mittlerweile 15.424 Witze über uns."

„*DAJ was?*"

„Dokumentationsarchiv für Joggingshosen-Scherze."

„*Kannst du einen erzählen?*"

„Ungern, aber bitte. Woran erkennt man auf einer kroatischen Hochzeit den Bräutigam? Am schönsten Jogginganzug."

Ich verhalte mich ruhig.

„Ja, ich hab ihn zuerst auch nicht verstanden. Dann hat ihn mir aber die Hannah erklärt, und ich hab ihn gar nicht schlecht gefunden."

„*Mittlerweile hat die Jogginghose aber den Ernst des Lebens kennengelernt. Stichwort: Homeoffice.*"

„Das ist ein Fehler."

„*Warum?*"

„Wenn man in eine Jogginghose schlüpft, sollte der Arbeitstag zu Ende sein."

„*Nun, seit der Pandemie fängt er damit an.*"

„Und das ist falsch. Wie sagt die Hannah? ‚Wir sind das zweibeinige Eingangstor ins Private.' Was die Hannah noch gesagt hat: Englische Ärzte haben gemessen, dass alleine der Anblick einer Jogginghose den Pulsschlag des Menschen um dreißig Prozent reduziert. Und jetzt beantwortet der Mensch in uns Beschwerdemails, schaut wütend auf Ladebalken und schlägt auf den kaputten Drucker."

„*Verstehe! Und damit werdet ihr mit negativen Gefühlen assoziiert.*"

„Stimmt, zum ersten Mal in unserer Geschichte!"

„*Na ja, ganz ehrlich, euer Anblick löst nicht nur Freude aus. Etliche Frauen behaupten, dass Männer in Jogginghosen der Öffentlichkeit mitteilen wollten, sie würden ein Leben unter*"

Ausschluss von Erotik führen. "

„So eine schwachsinnige Bemerkung könnte von der Claudia stammen. Die sagt auch ständig zum Gernot: ‚Deine Jogginghose ist das Zölibat von Adidas.' Da stellen sich zwei Fragen. Erstens: Weiß diese unterbelichtete Solariumprinzessin nicht, dass ich vom Tchibo bin? Und zweitens ... und zweitens muss manchmal erstens genügen."

„*Ich verstehe deine Unzufriedenheit nicht. Jogginghosen fluten doch gerade unsere Gegenwart.*"

„Leider nur Teile davon. Drei Viertel von uns Jogginghosen werden ausschließlich zu Hause getragen. Eher selten dürfen wir den Wohnraum verlassen. Zum Müll-Runtertragen. Besonders Mutige gehen in uns bis zur Trafik. Aber in der Regel endet unser Horizont auf der Couch."

„*Was erwartest du?*"

„Die Hannah hat immer eine Erweiterung des JHR gefordert!"

„*Des was?*"

„JHR – Jogginghosenradius. Wir wollen endlich auch einmal etwas von der Welt sehen. Historische Theater, den Louvre in Paris, den Meinl am Graben. Vergleich einmal unseren faden Alltag mit dem einer Anzugs-, Bermuda- oder Badehose!"

„*Es gibt Länder, in denen ist die Kombination Jogginghose und Flipflops eine sehr beliebte Ausgehuniform.*"

„Schön, dass sich weltweit was tut, aber in Österreich wird jeder, der in dieser Kombination daherkommt, sofort niedergemacht."

„*Wieso bitte?*"

„Na, kaum geht der Gernot in mir, seiner Lieblingsjogginghose, ins Erdgeschoß, um den Briefkasten zu entleeren, fragt ihn sofort der Nachbar: ‚Na, gemma AMS?'"

Vanessa ist hörbar erschüttert.

„Ich sage dir, wo Menschen aufgrund einer Jogginghose stigmatisiert werden, da fängt der Faschismus an. Sagt die Hannah."

„*Wow! So politisch hätte ich euch gar nicht eingeschätzt.*"

„Ist eh alles wurscht. Die Hannah hat immer gesagt, ich solle mich weniger kränken."

„*Wieso?*"

„Weil die einzig wahre Gerechtigkeit wartet in der Waschmaschine."

„*Das verstehe ich nicht.*"

„Na schau, ob du eine Armani-Unterhose, ein Hugo-Boss-Hemd oder eine Tchibo-Jogginghose bist: Wir alle drehen uns in derselben Waschtrommel."

„*Stimmt! Die Waschmaschine demokratisiert die Wäsche.*"

„Ja, die Waschmaschine behandelt Wäsche fair. Genauso wie der Wäscheständer. Da werden alle Seite an Seite hängengelassen. Eine bescheidene Tchibo-Jogginghose und ein aufgeblasener Hugo-Boss-Socken teilen sich dieselbe Schwerkraft."

„*Gut. Nur am Ende, im Schrank, werdet ihr dann wieder hierarchisch den Laden zugeordnet.*"

„Ja, die Hannah hat immer gesagt: ‚Im Kasten bleiben die Kasten.' Ich weiß zwar nicht, was sie damit meint, aber irgendwie hat sie recht. Die Hannah hat aber auch gesagt, dass es in den letzten Jahren in punkto Kleidungsgleichberechtigung große Fortschritte gegeben hat. Sie glaubt, dass sich vielleicht in hundert Jahren alle Kleidungsstücke eine einzige große Lade teilen werden."

„*Vermisst du eigentlich die Hannah?*"

„Nein."

„*Wieso?*"

„Wir haben uns eh bald wieder."

„*Wie?*"

„Schau mal in das Regal hinter mir, drittes Fach, rechts."

Ich schiebe einige Zierkissen zur Seite und sehe ein Tchibo-sackerl. Darin befindet sich ein verpacktes Geschenk.

„Die Claudia hat nächste Woche Geburtstag. Und was hat ihr der Gernot gekauft?"

„*Nein, nicht wirklich!*"

„Doch! Ich freu mich schon so auf den Blick von der hirnbefreiten Sprechbarbie. Und weißt du, was das Beste ist? In der rechten Seitentasche von der Hannah hat der Gernot einen Verlobungsring versteckt."

„*Das heißt, nur wenn die Claudia die Hannah anzieht, wird sie geheiratet?*“

„Ist das nicht super? Ich find, besser kann man nicht testen, ob's die Richtige ist. Aber keine Sorge. Dieses auf einen Meter sechzig hochgeföhnte Nagellack-Flittchen wird's vermasseln.“

„*Vanessa, dein Zickengroll nervt! Deswegen eine andere Frage: Weißt du zufällig, was in diesem Abteil entsorgt werden soll?*“

„Nichts. Wieso?“

Ich schaue mich um.

„Kann ich bitte wieder zurück in den Korb, mir ist kalt.“

Ich lege Vanessa in den Wäschekorb und lasse meinen Blick durch das Abteil streifen. Designerlampen, Designerlautsprecher, Designerholzschalen. Auf dem Boden stehen Designerstühle, Designerkommoden und ein Designerschminktisch. Nirgends ein gelbes Pickerl. Als ich eine Designerbuddhastatue zur Seite schiebe, erblicke ich dann doch eines. Es klebt auf dem Wäschekorb.

„Ist was?“

„*Nein. Alles gut. Ich bin nur von den vielen Designerstücken beeindruckt.*“

„Kannst du näherkommen? Ich will dir was ins Ohr sagen.“

Ich gehe zum Wäschekorb und halte mein Ohr an die rechte Hosentasche von Vanessa.

„Hier steht auch viel Klumpert rum. Davon könnte einiges entsorgt werden. Aber bitte sag's nicht laut.“

„*Versprochen. Gute Nacht, Vanessa.*“

„Gute Nacht.“

Ich schließe den Deckel.

Vanessa weiß also nichts von ihrem Schicksal. Vermutlich gilt das für einige Gegenstände, denen morgen eine Liquidation droht.

Ich werfe einen Blick auf den Zettel mit den Abteilnummern für die bevorstehende Teilräumung. Gleich darauf schaue ich auf meine Uhr. 21:17 Uhr. Solange Kurt nicht im

Storage ist, kann ich weiter in sämtlichen Abteilen nach Gesprächspartnern suchen. Offiziell ist das Öffnen von Lagerabteilen ja nur in Ausnahmesituationen gestattet. Da aber die ganze Pandemie für mich eine solche darstellt, halte ich mich an die Vorgabe. Ich nehme mein Ritual wieder auf, öffne Abteil für Abteil und rufe kurz ein „*Hallo!*" in den Raum. Danach warte ich zehn Sekunden. Wenn ich dann noch immer keine Antwort erhalten habe, sperre ich zu und gehe zur nächsten Tür. Nach einer halben Stunde werde ich in Abteil 4012 fündig.

GERDA

Ich setze mich zum Ausruhen kurz auf die Matratze eines Holzbettes. Da hustet plötzlich jemand.

„Die Staubbelastung hier ist kriminell."

Das Bett hustet erneut.

„Dagegen ist ein Kreisverkehr in Peking ein Luftkurort."

„Wer spricht mit mir?"

Ich schaue mich um.

„Ich. Das Bett. Gerda. Angenehm."

„Darf ich mich auf dich setzen?"

„Seit wann sind wir per du?"

„Ähm, also ich dachte ..."

„Mir wäre die Sie-Form lieber."

„Also gut, darf ich mich auf Sie setzen?"

„Ja, aber bitte nur seitlich. Am besten knapp neben dem rechten hinteren Bettfuß."

„Wieso?"

„Der Lattenrost ist in der Mitte morsch."

„Aber Sie wirken eigentlich recht stabil. Für wie lange werden Sie hier gelagert?"

„Meine Besitzerin hat gesagt: vorübergehend."

„Wann war das?"

„Vor fünfhundertdreiundsiebzig Tagen, vierzehn Stunden und zweiunddreißig Minuten."

„Woher wissen Sie das so genau?"

„Die Kuckucksuhr dort im Eck zählt mit."

„Sind Sie eigentlich wertvoll?"

„Ich hatte meinen Preis. Fünfhundertfünfzig Euro. Ohne Lattenrost und Matratze."

„Aber Sie sind doch nur Eiche furniert?"

„Wildeiche furniert."

„Betten solcher Qualität stehen heutzutage eher im Eingangsbereich vom Möbeldiskonter."

„Wieso?"

„Also, wie soll ich sagen, furniert ist so tun als ob. Ich nehme an, unter Ihrer obersten Schicht verbirgt sich eine einfache Spannplatte."

„Na und? Das trifft auf viele Gegenstände zu. Laminat simuliert Parkett, Süßstoff simuliert Zucker und Brillen simulieren Intellekt."

„Gut, lassen wir das."

Zwischen Gerda und mir herrscht kurz Stille.

„Fällt Ihnen über mich auch etwas Positives ein?"

„Doch, natürlich. Was ich an euch Betten immer bewundert habe, ist die einfache Bedienbarkeit. Reinlegen, schlafen."

„Stimmt, wir sind selbsterklärend. Selbst für Babys."

„Das ist ein spannender Punkt. Menschen werden meistens in euch gezeugt, geboren und sterben auch in euch."

„Ja, Betten sind die Klammer des Lebens. Auch der Tag beginnt und endet in der Regel in uns. Vielleicht kennen Sie das Bonmot: ‚Deine Kindheit ist noch nicht zu Ende, wenn du am Abend im Autositz einschläfst und am nächsten Morgen auf magische Weise in deinem Bett wieder aufwachst."

Ich lächle bestätigend.

„Das hat sich jedes Mal so angefühlt, als könnten die Eltern beamen."

„Doch wir Betten sind kein horizontaler Endbahnhof. In uns findet vieles statt, vom Auskurieren der Grippe bis zum Ausprobieren des Kamasutras."

„Darauf sind Sie merklich stolz."

„Natürlich! Wir sind kein Ort des Banalen. In uns passiert ständig Großes: Liebe, Träume, Schmerz, Angst. Wie hat es der Schauspieler Groucho Marx so treffend formuliert? ‚Alles, was im Bett nicht getan werden kann, ist es ohnehin nicht wert zu tun.'"

„Ich kenne nur das Zitat von Christoph Schlingensief."

„Und wie lautet das?"

„‚Ich mag Betten. Ich lese, telefoniere und wichse dort.'"

„Können wir das Niveau vielleicht wieder heben?"

„*Sie haben gefragt.*"

„Leider. Na ja, als Bett ist man es gewohnt."

„*Was?*"

„Mangelnde Wertschätzung."

„*Das stimmt doch gar nicht. Sie sind sicher der Star unter den Gegenständen. Was Staubsaugerroboter, Leggings oder Dudelsäcke angeht, gibt es immer Menschen, die diese Gegenstände ablehnen. Aber niemand mag keine Betten.*"

„Und warum haben wir dann von euch Menschen nur die Bezeichnung ,Bett' bekommen? Ein Wort mit vier Buchstaben, von denen einer sogar doppelt vorkommt."

„*Das ist kein Grund zur Beschwerde! Die Engländer haben für euereins sogar nur drei Buchstaben verbraucht.*"

„Und diese sprachliche Verknappung spiegelt sich auch in deren Liebesleben wider. Im Epizentrum der Leidenschaft, in Italien, widmet man uns wenigstens fünf Buchstaben. Letto. Zwei Vokale mit der Betonung am O. Der Öffnung. Erotischer geht es wohl nicht."

„*Es braucht aber wirklich kein Bett, um seine Lust auszuleben.*"

„Glauben Sie! Nach einer aktuellen Statistik spielen sich 99,2 Prozent des Liebeslebens in Betten ab. Es gibt etliche Affenarten, die schieben regelmäßig große Blätter zu einem bettähnlichen Gebilde zusammen, und das Erste, was Sie dann darauf machen, ist zu kopulieren."

„*Warum erzählen Sie mir das?*"

„Es ist halt ein weiterer Beweis, von wem Sie abstammen."

„*Sie glauben wirklich, alles dreht sich ums Bett.*"

„Falsche Bescheidenheit wäre nicht angebracht. Wir Betten sind ein ganz wesentlicher gesellschaftlicher Indikator und ein klares Zeichen für die steigende weltweite Prosperität."

„*Wieso?*"

„Über viele Jahrhunderte waren wir Betten ein reines Oberschichtsphänomen. Ludwig XIV., der Sonnenkönig, war zum Beispiel ein richtiger Bettenfetischist. Er hatte vierhundertneunzehn. Und da sind seine Liegen noch gar nicht mitgezählt."

„Warum so viele? Hat er gedacht, die wären nach einmal Schlafen kaputt?"

„Nein, aber zu seiner Zeit war die Anzahl der Betten ein Zeichen von Potenz."

„Betten waren also der Porsche des 17. Jahrhunderts?"

„Nur teurer. Seine waren teilweise aus vierundzwanzig Karat massiv Gold und mit Diamanten besetzt."

„Wie viele Kinder hatte eigentlich Ludwig XIV.?"

„Zwanzig."

„Das ist ... alle einundzwanzig Betten eine Zeugung. Keine üppige Quote. Jetzt ist mir auch klar, warum sich Ludwig XIV. als Schlafstätte einen Porsche gekauft hat."

„Damals, in der Zeit des Absolutismus, war das Bett der Mittelpunkt des Lebens. Genauso wie unter den Römern. Sie haben in uns Kriege geplant, zwischen Laken und Pölstern außerdem mehrgängige Fressgelage veranstaltet."

„Von so viel Verschmutzungstoleranz kann man derzeit nur träumen."

„Wieso?"

„Heutzutage werden die im Bett befindlichen Kipferlbrösel vorm Scheidungsrichter diskutiert."

„Und wieder können Sie anhand von uns Betten den gesellschaftlichen Wandel erkennen. Im Mittelalter war es übrigens auch üblich, dass Eltern, Onkel, Tanten, Diener und Sklaven splitternackt im selben Bett gelegen sind und kunterbunt durcheinander schliefen."

„Und das gefiel den Beteiligten?"

„Ja, aber nicht der Kirche. Ende des 19. Jahrhunderts hat es die Predigt des Bischofs für Enthaltsamkeit dann endlich über die Bettkante geschafft. Halt nicht immer über die eigene. Politisch erlebt das Bett übrigens wieder eine Renaissance."

„Wie?"

„Vor einigen Monaten hat ein amerikanischer Präsident noch unter seiner Bettdecke gegen den Iran getwittert."

„Na bitte, Betten sind manchmal auch das Zentrum des Unheils."

„Ich würde es präziser formulieren: Das Monster unterm Bett sucht man vergebens. Es liegt meistens auf ihm. Was für ein Verhältnis haben eigentlich Sie zu Ihrem Bett?"

„Es hat mich oft traurig gemacht. Die meiste Zeit in meinem Leben war es ein Doppelbett mit halber Auslastung."

„Doch mit der Liebe kommt die Befüllung."

„Die kommt auch ohne Liebe. Was in meinem Bett mittlerweile für ein Klumpert rumliegt!"

„Wieso?"

„Nun, ich schlafe, lese, surfe und telefoniere darin. Mein Bett ist mittlerweile ein Schreibtisch mit Daunenfüllung."

„Schade."

„Wieso schade?"

„In einem Bett schläft man, döst man oder liebt man sich. Wer sich in mir mit dem Draußen verbindet, holt die Öffentlichkeit ins Private. Das Internet steht für Außenwelt, ich stehe für Auszeit. Das gehört getrennt, so wie die Gasleitung von der Flamme."

„Aber bekommt das Bett als Lebenszentrale damit nicht wieder die gleiche Bedeutung wie unter Ludwig XIV.?"

„Das wollen Sie doch nicht wirklich vergleichen? Der Sonnenkönig hat im Bett den Holländischen Krieg geplant. Das ist wohl ein wenig bedeutsamer, als vor der Nachtruhe seinen Followern ein Kuss-Zwinker-Emoji zu schicken!"

„Sie sind ganz offensichtlich eine Freundin der Polemik."

„Es bereitet mir eben zunehmend Sorgen, dass die neuen Bettlägerigen nicht mehr die Alten sind. Die trifft man mit Stecken im Wald. Es sind die Jungen. Die bleiben auch außerhalb der Schlafenszeiten einfach liegen. Das halte ich für falsch. Wir Betten sind kein horizontales Homeoffice."

„Aber wieso nicht? Das Liegen ist für uns Menschen die vertrauteste Körperhaltung. Sie erinnert uns an die Position im Mutterleib."

„Ja, aber im Bauch sind Sie ruhend in der Fruchtblase geschwebt. Es hat keine Verbindung mit dem Außen gegeben."

„Das kann man so nicht sagen. Mit meiner Mutter hatte ich sogar über die Nabelschnur so eine Art LAN-Verbindung."

„Ich muss Sie nicht witzig finden, oder? Es ist doch interessant, dass nach sechs Millionen Jahren der Evolution das Erlernen des aufrechten Gangs nun ausgerechnet dazu geführt hat, dass der Mensch wieder ständig liegen möchte. Ich behaupte, in ein paar Jahren sitzt ihr Menschen wieder auf den Bäumen."

„Sie sind schon wieder polemisch."

„Nur weil Sie ein Fremdwort kennen, müssen Sie es nicht ständig wiederholen. Wir Betten wollen einfach wieder zurück zu unserer Kernkompetenz, der Erholung. Wir sind der Wellnessbereich des Wohnraums. Kein einziges Möbelstück hat mehr Einfluss darauf, wie der Mensch sich fühlt."

„Doch, der Spiegel."

„Das sehe ich anders. Augenringe und Doppelkinn kann man leichter verdrängen als Rückenschmerzen. ‚Hast du gut geschlafen?‘, ist weltweit nach dem Aufstehen die am häufigsten gestellte Frage."

„Gut, in einem Punkt gebe ich Ihnen recht. Um das Schlafthema hat sich mittlerweile ein gigantischer Markt entwickelt. Boxspringbetten, Futonbetten, Zirbenholzbetten, Wasserbetten. In dem letzten Möbelgeschäft, in dem ich war, wollte man mir keine Matratze mehr verkaufen, sondern ein Schlafsystem."

„Alles unnötig. Ich kann da nur das Hôtel des arts in Montmartre zitieren: ‚Wenn Sie bei uns nicht schlafen können, dann schimpfen Sie nicht auf unsere bequemen Betten, sondern überprüfen Sie Ihr Gewissen.‘ In Wahrheit kann man ohne Schuldgefühle auch auf einem Haufen Reißnägel schlafen. Und am besten auch ohne Religion."

„Wieso ohne Religion?"

„Weltweit sind die ersten Störgeräusche am Morgen nicht – wie man vermuten könnte – zwitschernde Vögel, sondern es sind

Kirchenglocken oder der Muezzin. Die großen Weltreligionen eint, dass sie ihre Gläubigen unbedingt in der Früh aus den Federn zerren wollen."

„Vielleicht empfindet Gott Schlaf als eine Sünde?"

„Ganz im Gegenteil! Wie steht es im Psalm 127,2? ‚Denn der Herr gibt es den Seinen im Schlaf.' In diesem Zustand sind ja nur die Muskeln erschlafft. Das Gehirn bleibt im Betriebsmodus, und gerade in den Träumen öffnet sich die Pforte ins Unbewusste, ins Verborgene."

„Dazu fällt mir ein, dass Keith Richards einmal gesagt hat, ihm sei der Anfang von ‚Satisfaction' im Schlaf eingefallen."

„Darauf ist er stolz? Der besteht aus drei verschiedenen Tönen. Mozart hatte nach einer Nacht in Verona den ersten Akt von ‚Così fan tutte' im Kopf. Was uns aber beide Beispiele beweisen: Das Schlafzimmer ist der Vorhof zur Kreativität und zur Weisheit. Wohingegen Menschen, die sich jede Nacht im Schlafzimmer mit dem Smartphone in der Hand durch Breaking News wischen, dieses Gehöft der Erkenntnis verunreinigen."

„Bissl dick aufgetragen, würde ich sagen."

„Ich liebe Pathos."

„Ha, auch Sie verwenden Fremdwörter!"

„Ja, aber mehr als eines. Ich bin in der Lage zu diversifizieren."

„Wissen Sie, Gerda, was ich mich oft gefragt habe: Was ist der Schlaf überhaupt?"

„Ich persönlich mag am liebsten die Definition: eine absichtlich herbeigeführte Bewusstlosigkeit. Schlaf ist die Vorspultaste des Lebens."

„Nur wenn man älter wird, drückt man in der Nacht gern auf die Pausetaste."

„Das verstehe ich nicht."

„Senile Bettflucht. Das ist bei Männern eine ganz interessante Entwicklung. Im Fortlauf des Lebens werden wir kleiner, doch unsere Prostata wächst."

„Ihnen ist aber auch keine Erkenntnis zu dumm."

„Verzeihen Sie. Also wenn ich Sie richtig verstanden habe, ist

jedes Bett so eine Art Zeitreisemaschine, mit der ich mich ein paar Stunden in der Zukunft verorten kann?"

„Ja, und wie im wachen Leben versucht ihr Menschen ständig, diese Reisezeit zu verkürzen."

„Wie meinen Sie das?"

„Zu Beginn des 20. Jahrhunderts haben Menschen durchschnittlich neun Stunden pro Tag geschlafen. Jetzt sind es nur noch sieben."

„Der Trend geht eben eindeutig in Richtung effizienter Schlaf."

„Das ist doch absurd und gleichzeitig falsch. Früher war die ausgiebige Nachtruhe ein Zeichen von Wohlstand, doch in Ihrer modernen Gesellschaft gilt Müdigkeit als Statussymbol. Wer erschöpft ist, wird gebraucht. Wer am Burn-out kratzt, erntet Komplimente. Fällt Ihnen das gar nicht auf?"

„Doch, vor allem bei Politikern. Die prahlen ständig mit Schlafmangel. In Pressekonferenzen fallen laufend so Sätze wie: ‚Nach langen erschöpfenden Verhandlungen konnten wir uns in den frühen Morgenstunden zu einer Entscheidung durchringen.'"

„Und das finden Sie begrüßenswert?"

„Nein. Solche Aussagen beunruhigen mich, weil ich aus eigener Erfahrung weiß: Alles, was ich in meinem Leben um 05:00 Uhr Früh entschieden habe, habe ich spätestens um 10:00 Uhr bereut."

„Wirklich? Ein Beispiel bitte."

„Ich habe einmal um 05:30 Uhr im Internet drei Alpakas gekauft."

„Ich nehme an, Sie waren alkoholisiert."

„Natürlich. Gott sei Dank habe ich im Netz wenige Stunden später einen noch Betrunkeneren gefunden. Der hat mir die Alpakas dann abgekauft."

„Ich würde wirklich gern einmal die Schäden, welche die Kombination aus Müdigkeit und Trunkenheit gekostet hat, zusammenzählen."

„Bitte nicht! Das Ergebnis dieser Berechnung könnte dem Alkohol unterstellen, dass er schädlich sei. Das wäre in Österreich ein gesellschaftlicher Dammbruch."

„Aber warum versteht ihr das nicht? Ein Schlummertrunk ist ab der zweiten Bouteille keine Einschlafhilfe. Ihr müsst es endlich wieder auf natürliche Weise probieren."

„Sie meinen, wir haben das Schlafen verlernt?"

„Das ist doch offensichtlich. Immer mehr Menschen betreiben einen unvorstellbaren Aufwand, um überhaupt noch in den Schlaf zu finden: Schlafbrillen, Schlafhauben, Schlaflampen, Schlafgetränke, Schlafapps, Schlafyoga, Schlaftabletten, Gewichtsdecken."

„Gewichtsdecken?"

„Das sind schwere, ergonomisch angepasste Decken, die Druck ausüben. Und der hat beruhigende Wirkung."

„Und die wirken?"

„Nur wenn man sich Atembeschwerden wünscht. Als Bett mit einer gewissen Erfahrung würde ich gern den Schlaflosen dieser Welt zurufen: ‚Schmeißt alles aus dem Schlafzimmer!' Außer Bett, Lattenrost, Matratze."

„Decke und Polster?"

„Okay, die habe ich vergessen."

„Wärmeflasche?"

„Von mir aus."

„Wecker?"

„Raus damit!"

„Wieso?"

„Wussten Sie, dass der Mensch das einzige Tier ist, das sich und seinen Nachwuchs jeden Morgen weckt? Das würde einer Steineule nie einfallen."

„Die muss aber auch ganz selten ein Geschäft aufsperren."

„Aber wo steckt da der Sinn? Jeden Morgen begegnet man aufgrund des Schlafmangels in U-Bahnen und Zügen kreidebleichen Arbeitszombies, die sich kraftlos zunicken."

„Woher wissen Sie das eigentlich alles?"

„Ich bin jahrelang in einem Schlafzimmer mit Fernseher gestanden und deswegen bestens informiert."

„Doch die Ermüdung ist nicht nur menschengemacht.

Sämtliche Generationen von Jungeltern stimmen in den Chor der Erschöpften ein."

„Das lässt sich biologisch schwer vermeiden. Kinder ernähren sich eben vom Schlaf ihrer Eltern."

„Aber warum hat der Schlaf überhaupt so ein schlechtes Image?"

„Weil der Kapitalismus ihn fürchtet."

„Wie?"

„Der Schlaf ist der größte Feind der freien Marktwirtschaft. Der schlafende Mensch kauft nichts. Kein Gewand, kein Smartphone, keine Panini-Pickerl. Er entzieht sich schnarchend dem System. Und noch schlimmer: Er ist damit zufrieden."

„Der Schlaf bedroht das Wirtschaftswachstum?"

„Ja natürlich. Deswegen: je weniger, desto besser. Eine Stunde Schlaf kostet die Wirtschaft jedes Jahr weltweit zweihundertneunundreißig Milliarden Dollar. Allein die Siesta reduziert bei den Spaniern das jährliche Bruttoinlandsprodukt um 0,8 Prozent."

„Das wissen Sie so genau?"

„Nein, aber die Zahlen klingen gut. Ist Ihnen nicht aufgefallen, dass in Werbungen immer nur hellwache Menschen präsentiert werden? Außer man will ihnen eine Matratze verkaufen. Ich glaube, der feuchte Traum der Großkonzerne ist, dass der Mensch irgendwann seinen Schlaf an Roboter auslagert. Da kann er dann sieben Tage die Woche vierundzwanzig Stunden lang im Internet auf Bestellbuttons drücken."

„Sie haben aber kein allzu freundliches Menschenbild."

„Erfahrung prägt."

„Gut, Gerda, ich muss jetzt doch wieder zurück ins Büro."

„Schade, ich hätte Ihnen noch vieles erklären können."

„Das habe ich vermutet. Gute Nacht, Gerda."

Ich stehe auf und gehe in Richtung Tür.

„Ähm, darf ich Sie noch etwas fragen?"

„Ja gern."

„Könnten Sie ..."

„Ja?"

„Könnten Sie ... Ach, vergessen Sie's."

„Was ist los, Gerda?"

„Ich habe Angst, dass Sie Nein sagen."

„Das müssen Sie riskieren."

„Gut. Ahm, könnten Sie sich ... kurz auf mich legen?"

„Wie?"

„Ich vermisse Menschen."

„So, wie Sie über uns gesprochen haben, ist das nur schwer zu glauben."

„Aus der Wut spricht oft die Kränkung. Ich würde einfach gerne wieder in einem Schlafzimmer stehen."

„Warum befinden Sie sich eigentlich hier?"

„Meine Besitzerin hat einen neuen Lebensgefährten, und für beide bin ich definitiv zu klein."

„Immerhin hat sie Sie behalten."

„Ja, ich kann nur warten, bis die große Liebe wieder mal verblasst."

„Einzelbetten sind die Kriegsgewinner von Trennungen."

„So gehässig würde ich es nicht formulieren."

Ich gehe zurück zu Gerda und setze mich vorsichtig auf sie.
„Bitte verlagern Sie beim Liegen Ihren Schwerpunkt tendenziell nach rechts. Sie wissen, der Lattenrotte in der Mitte ist ..."

„... morsch. Ich weiß."

Ich lege mich vorsichtig auf die rechte Seite. Der Lattenrost knarrt und die Matratze staubt.

„Ist das schön!"

„Wenigstens für Sie."

Ich huste.

„Corona?"

Ich lache. Hustend.

„Gerda, das klingt jetzt vielleicht ein wenig seltsam. Aber irgendwie mag ich Sie."

„Das geht bei uns Betten immer ganz schnell. Übrigens, Sie können mich ruhig duzen."

„Jetzt auf einmal!"
„Na klar, für Intimität braucht es Vertrauen."
„Was schätzen eigentlich die Menschen am meisten an euch?"
„Ich glaube, es ist Toleranz."
„Wie?"
„Wir erleben den Menschen meistens ungeschminkt. In uns lässt er sich zuerst fallen und danach gehen."
„Und was hat das mit Toleranz zu tun?"
„Ganz ehrlich: Euch beim Sex oder beim Schlafen zu beobachten, das sind nicht immer schöne Bilder."
„Dann danke fürs Verständnis. Ich muss jetzt nur aufpassen, dass ich nicht einschlafe."

Ich wache auf. Verdammt. Ich bin tatsächlich eingeschlafen. Beim Aufrichten von Gerda spüre ich sofort ein Stechen im Rücken. Der Lattenrost verdient seine Bezeichnung nicht. Ein schneller Blick auf die Uhr. 23:39 Uhr. Fast zwei Stunden habe ich gedöst. Ich reiße die Tür des Abteils auf und laufe zurück in Richtung Büro. Schon aus der Ferne sehe ich, dass weder ein Kunde noch Kurt im Büro stehen. Ich werde langsamer, und die letzten Meter schlendere ich durch den schmucklosen Gang. Die Nüchternheit ist bedrückend. Als wären die Gegenstände hinter den Türen seelenlos.

Im Büro setze ich mich an den Schreibtisch und denke an Gerda. Ihre Überheblichkeit ist berechtigt. Betten haben tatsächlich die Welt verändert. Doch sie sind nicht die Einzigen. In etlichen Storage-Abteilen schlummern historische Kulturrevolutionen. Das Fahrrad, der Fotoapparat, die Schreibmaschine. Bei all diesen Erfindungen hat es eine Welt davor und eine Welt danach gegeben. Selbst in der Charakterisierung von Personen finden sich Gegenstände wieder. Einfaltspinsel, Plaudertasche, Sandkastenliebe. Die Alltagssprache kennt die Verdingung von Menschen. Die Vermenschung von Dingen gibt es auch. Mir kommt ein Begriff in den Sinn, den ich vor langer Zeit gehört habe. Ich tippe ihn in die Google-Suchzeile ein: „Objektophilie". Siebentausendneunhundertvierunddreißig Treffer. Auf der ersten Seite erscheint ein Artikel über die Amerikanerin Erika Eiffel. Sie ist die Gründerin eines internationalen Netzwerkes für Objektophile. Diese Menschen erfreuen sich der erotischen Liebe zu Gegenständen. Erika Eiffel wurde berühmt, als sie 2007 niemand Geringeren als den Eiffelturm ehelichte. Die Eheschließung wurde zwar offiziell nicht anerkannt, dennoch durfte sie seinen Namen annehmen. Der liberale Teil in mir sagt sofort: Warum nicht? Der konservative Teil antwortet darauf: Wie kommt der nur in die Kirche rein? Es bleibt zu hoffen, dass der Amerikanerin nie in den Sinn kommt, den Eiffelturm für den Grazer Uhrturm zu verlassen. Das würde das Pariser Wahrzeichen nicht verkraften. Ich google weiter. In einem anderen Artikel erklärt ein neununddreißigjähriger Lehrer aus Liverpool, dass er seit zwei Jahren in einer eingetragenen Partnerschaft mit seinem Küchenmixer stehe. „Ich weiß, dass das für Außenstehende schwer zu verstehen ist", erklärt der Brite, „aber das Geräusch beim Mixen versetzt mich in Hochstimmung. Wenn ich diesen Klang höre, kribbelt es in meinem Bauch. Ich fühle mich geborgen." Nach dem Lesen dieser Aussage nimmt die gerade noch geschlossene Pointenfabrik in meinem Kopf sofort ihre Arbeit auf. Doch irgendetwas zügelt schließlich doch meine Häme. Vermutlich die Tatsache, dass solche Gefühle für einen Gegenstand heutzutage ganz normal sind. Man muss nur den Küchenmixer durch das Smartphone ersetzen … Plötzlich Klopfgeräusche. Ganz zaghaft. Ich schaue mich im Büro um. Woher kommen die? Nichts. Die Klopfgeräusche sind wieder verstummt. Komisch.

Ich recherchiere im Internet weiter über die Geschichte der Gegenstände. Im 17. Jahrhundert hat der durchschnittliche Mensch angeblich vierhundert Dinge besessen, mittlerweile sind es über zehntausend, Tendenz steigend. Es fällt uns Menschen einfach schwer, nichts zu produzieren. Beispiel: Der Mensch schafft mit einem Gegenstand wie dem Korken ein Problem aus der Welt. Nämlich, dass Flüssigkeit aus Flaschen schwappt. Dafür hat er jetzt ein neues Problem: Wie bekomm ich das Ding wieder raus? Als Antwort darauf muss er einen anderen Gegenstand erfinden: den Korkenzieher. An dem wiederum saugt sich das Zubehör wie ein Blutegel fest. Korkenzieherersatzspirale, Korkenzieherholzschachtel, Korkenzieherreinigungsmittel. Die Erfindung des Drehverschlusses macht dann alle vier unnötig. Bei diesem Gedanken erwacht in mir wieder die Sehnsucht nach Reduktion. Ich suche im Internet nach Büchern zu diesem Thema. Wenige Klicks später wird mir klar, dass dem Entsorge-dich-glücklich-Trend nicht ganz zu trauen ist. Auf Amazon finde ich zum Thema Minimalismus 2.325 verschiedene Bücher. Der Kapitalismus verkauft mir die Kapitalismuskritik.

Da klopft es wieder. Bitte, was ist das? *„Hallo? Wer klopft da?“*, spreche ich in den leeren Raum hinein. „Ich!“, tönt es aus der linken hinteren Büroecke. „Befrei mich!“ Ich gehe in Richtung Stimme. Vor mir steht eine abgeschlagene hüfthohe Holzanrichte mit zwei Flügeltüren. Die beiden Griffe sind mit einem Zahlenschloss verbunden.

LUCY I

„*Wer bist du?*"

„Ich sag dir lieber, was ich bin."

Die Stimme kommt aus dem Inneren der Anrichte.

„*Und was bist du?*"

„Ein Skandal."

„*Wirklich?*"

„Deswegen wurden wir weggesperrt."

Ich rüttle am Zahlenschloss. Es lässt sich nicht öffnen.

„*Kennst du den vierstelligen Code?*"

„Nein."

„*Wer ist ‚wir'?*"

„Was?"

„*Du hast vorher gesagt: ‚Wir wurden weggesperrt.'*"

„Hier drinnen befinden sich mehrere Skandale. Die sollen mit mir vernichtet werden."

„*Wie kommst du darauf?*"

„Wirf einfach einen Blick auf meine rechte Seitenwand."

Ich schaue nach. Dort klebt ein gelbes Pickerl.

„Wenn diese Anrichte entsorgt wird, ist die ganze Arbeit von Mag. Krautinger vernichtet."

„*Wer ist Mag. Krautinger?*"

„Ein Aufdecker aus Leidenschaft. Er war jahrelang stellvertretender Filialleiter. Bei der Sparkasse. Und in dieser Anrichte hat er Skandale gesammelt."

Mir kommen sofort die Malversationen der Banken im Burgenland, in Bayern und Kärnten in den Sinn. Ich atme tief durch und ... wende mich ab.

„*Sorry, aber das ist definitiv nicht mein Spezialgebiet.*"

„Moment, erkennst du nicht, was du dank uns werden könntest?"

„*Nein, was denn?*"

„Ein Whistleblower."

Der Begriff bringt mich zum Nachdenken. Wartet in diesem alten Möbelstück womöglich eine Chance auf mich? In dieser auftrittsfreien Zeit wächst mein Bedürfnis nach Beachtung täglich. Eventuell kann ich dank des Inhalts dieser Anrichte das mediale Scheinwerferlicht für einen Augenblick auf mich richten. Ich sehe die Schlagzeilen bereits vor mir. „Klaus Eckel leaked Sparkasse Papers", „Klaus Eckel, der Edward Snowden aus Hernals". Ich wende mich erneut in Richtung Anrichte und knie mich davor hin. Meinen Kopf strecke ich möglichst nahe an den finsteren Türspalt und flüstere in die Dunkelheit.

„Wie heißt du überhaupt?"

„Lucy."

Ich rüttle am Schloss.

„Du musst es aufbrechen."

„Aber womit?"

Ich schau mich im Büro um. Ich brauche eine Kombizange. Leider gibt es hier nirgends einen Werkzeugkoffer. Ich stehe auf, gehe zum Schreibtisch, öffne die braune Mappe und blättere mich durch die Liste. Bei einem Firmennamen verharrt meine Aufmerksamkeit. „Fair Repair". In diesem Abteil könnte sich Werkzeug befinden. Ich verlasse das Büro und eile durch die Gänge. Ich werde einfach meine Besuche bei den Aussortierten mit der Suche nach einer Kombizange verbinden. In diesem Moment fällt mir auf, dass ich Lucy gar nicht gefragt habe, was für ein Gegenstand sie ist. Na ja, vermutlich ein Aktenordner.

3021. Ich stehe vor der richtigen Tür. Ich öffne das Abteil und erblicke eine Unmenge alter Elektrogeräte. Sie türmen sich bis knapp unter die Decke. Das war beim Stapeln Maßarbeit. Ich zwänge mich durch den Gang bis ans Ende des Raums. Einen Werkzeugkoffer entdecke ich leider nicht. Nach einiger Zeit fällt mir die Ordnung der Elektrogeräte auf. Auf der rechten Seite stehen ausschließlich Waschmaschinen und Trockner, während sich an der gegenüberliegenden Wand Kühlschränke und Gefriertruhen türmen. Es wirkt wie eine Schlacht. Küche gegen Waschraum. Ein Krieg der Elektrogeräte, um die Vormachtstellung im Haushalt zu klären. Ich stehe dazwischen. Meine Sympathien sind klar verteilt. An einem Kühlschrank kann ich nicht vorbeigehen, ohne ihn zu öffnen. Die Tür klemmt.

HORST

„Bitte aufhören!"

„Wieso?"

„Meine Scharniere!"

„Was ist mit ihnen?"

„Kaputt."

Mehrmals öffne und schließe ich die Kühlschranktür und merke, dass sie locker in der Verankerung sitzt.

„Moment, das haben wir gleich."

Ich nehme den Schlüsselbund, an dem auch ein kleiner Schraubenzieher hängt, und ziehe beide Schrauben fest.

„Tut das gut."

„Was?"

„Einen Pfleger zu haben."

„Gerne. Besonders geschickt bin ich nicht, aber dafür reicht's."

„Danke. Horst mein Name. Herr Pfleger, können Sie mich an den Strom stecken?"

„Aber Sie sind doch leer?"

„Wirklich? Ah ja, stimmt. Egal, trotzdem."

Ich nehme das graue Kabel, das an Horst hängt, und ziehe es bis zur Steckdose neben dem Eingang. Das Kabel streckt sich. Ich versenke die Kontaktstifte in der Dosenöffnung. Horst fängt zu brummen an. Im Kühlschrank bleibt es finster.

„Warum leuchten Sie nicht?"

„Wackelkontakt. Sie müssen mich schlagen."

„Wie? Ich kann Sie doch nicht ..."

„Sie müssen! Sonst funktioniert meine Lampe nicht."

„Und wohin soll ich schlagen?"

„Das habe ich doch gerade gesagt. Aufs Tiefkühlfach."

Mit meiner rechten Handfläche klopfe ich zwei Mal auf die kleine weiße Kunststofftür. Es wird hell.

„Sind Sie verrückt!?"

„Wie?"

„Sie können doch nicht auf mich einprügeln!"
„Entschuldigung, aber ich dachte ..."
„Nichts haben Sie sich gedacht! Nichts denkt ihr alle!"
„Es tut mir leid."
„Warum entschuldigen Sie sich jetzt? Sie haben mich doch gerade repariert."
Zwischen uns herrscht Stille.
„Okay, Horst, ich würde vorschlagen, wir beginnen unser Gespräch noch einmal von vorn."
„Gerne. Mein Name ist Horst."
„Ich weiß."
„Natürlich wissen Sie das, aber Sie wollten das Gespräch doch nochmals von vorn beginnen."
„Ja, richtig. Also, guten Abend, Horst. Ich heiße Klaus."
„Ich weiß, der Pfleger. Könnten Sie meine Kühlung von Stufe zwei auf Stufe vier drehen?"
„Wieso?"
„Werden Sie fürs Fragen bezahlt?"
„Ich weiß überhaupt nicht, warum ich bezahlt werde."
Ich drehe am Kühlrad von Horst. Es ist verklebt und bewegt sich äußerst schwerfällig. Das Brummgeräusch wird mit jedem Zentimeter lauter.
„Ah, schön. Bei Kälte kann ich besser denken."
„Warum stehen eigentlich in diesem Abteil so viele Waschmaschinen, Trockner und Kühlschränke herum?"
„Hier findet nächste Woche die IFA, die größte Elektronikmesse Europas, statt."
„Wirklich?"
„Wie naiv sind Sie? Wir werden alle verscherbelt."
„Und wo?"
„Vermutlich auf dem Prater-Flohmarkt."
„Und was erwartet Sie dort?"
„Weiß nicht. Im schlimmsten Fall Studenten."
„Wie?"

„In den letzten Jahren habe ich ausschließlich in Studenten-WGs gearbeitet."

„Und wieso?"

„Wie ist es damals im Werbeprospekt über mich gestanden? ,Großes Volumen bei kleinem Preis'."

„Also optimal für Studenten."

„Nein. Eine reine Ressourcenverschwendung."

„Wieso?"

„In den meisten WGs hat man mich nur in zwei Zuständen vorgefunden: leer oder viertelvoll."

„Warum nie voll?"

„Weil Studenten in der Regel zwei Dinge fehlen: Geld und ein Kurzzeitgedächtnis."

„Wie meinen Sie das?"

„In der letzten WG gab es einen Soziologiestudenten. Wie hat der geheißen? Ber... Bern... Bernhard ... genau! Der Bernhard hat ständig meine Tür aufgerissen. Dann hat er seinen Blick über meine unbewohnten Fächer streifen lassen, war frustriert und hat mich zugeschlagen. Eine Minute später hat er mich wieder aufgerissen, reingeschaut, frustriert, zugeworfen. Dann wieder aufgerissen, reingeschaut, frustriert, zugeworfen. Ich habe mich jedes Mal gefragt, wie will der tausend Seiten für eine Diplomprüfung lernen, wenn er sich nicht einmal sechzig Sekunden lang merkt, dass sein Kühlschrank leer ist."

„Gut, aber zu Bernhards Verteidigung ..."

„Welcher Bernhard?"

„Der Soziologiestudent."

„Der hat Benedikt geheißen."

„Auch gut. Mir kommt Benedikts Verhalten nicht unbekannt vor. Meine Frau behauptet auch, dass ich unter Kühlschrankdemenz leide, weil ich ständig vergesse, dass nichts drinnen ist."

„So ein Verhalten ließe sich sofort ändern."

„Und wie?"

„Mit einer einfachen Regel: Wer länger als zehn Sekunden in den leeren Kühlschrank starrt, bezahlt GIS Gebühr. Diesen hervorragenden Vorschlag machte seinerzeit der Fernseher in einer der WGs, in denen ich gearbeitet habe. Aber wissen Sie, was ich in den letzten Jahren gemacht habe?"

„Nein."

„Dann wiederhole ich mich. Ich habe bei jedem Studenten die Anzahl der Sinnlos-Kühlschranköffnungen pro Stunde gezählt und damit seinen IQ berechnet."

„Und wie hoch ist der IQ gewesen? Also bei dem Be..., bei dem Soziologiestudenten?"

„Beim Benjamin? Sagen wir so: Dreistellig war er nicht. Zusätzlich hat gerade er bewiesen, dass Hunger würdelos macht."

„Jetzt machen Sie mich neugierig."

„Er hat einmal, nach der siebzehnten Kühlschranköffnung, meine Einlagefächer herausgenommen und deren Ränder abgeschleckt."

„Er hat was?"

„Die Ränder abgeschleckt."

„Das habe ich schon verstanden, aber warum?"

„In einem Studentenkühlschrank haben die meisten Tuben nach zweimaliger Verwendung keinen Deckel. Sie werden dann oft flach in das oberste Fach gelegt. Irgendwann rinnen die Saucen, die in den Tuben stecken, über die Ränder der Einlegeböden nach unten in Richtung Gemüsefach. Außerdem hausen zwischen Kühlschrankwand und Einlageboden immer wieder alte Gorgonzolareste. Also ein paar Kalorien lassen sich dort schon finden."

„Ich glaube, mir wird schlecht."

„Das wurde dem Berthold ebenfalls, aber auch die Übelkeit stillt den Hunger. Herr Pfleger, können Sie mein Kühlrad auf die höchste Stufe stellen? Es wird Ihnen nicht aufgefallen sein, aber ich leide gelegentlich unter Konzentrationsschwäche."

„Okay, mach ich, aber kann Ihnen da als Kühlpensionär nichts passieren?"

„Nein. Die Jugend bringt die Lust, das Alter macht robust."

Ich drehe das Rad weiter bis zum Anschlag. Es brummt unvorstellbar laut.

„Jetzt haben wir gleich in ganz Ostösterreich einen Stromausfall."

„Wieso?"

„Egal. Wie viele Jahre haben Sie insgesamt in Studenten-WGs gearbeitet?"

„Sieben."

„Ich will Ihnen nicht nahetreten, aber Sie wirken deutlich älter."

„Die Studenten haben mich damals schon gebraucht gekauft. Auf dem Prater-Flohmarkt. Davor war ich über zwölf Jahre im Besitz des Ehepaars Feldbacher."

„Und die haben Sie anders behandelt?"

„Die Feldbachers haben ständig meine Fugen gereinigt, die Einlegeböden desinfiziert, meine Dichtungen gewechselt. Die einzige Serviceleistung der Studenten bestand darin, mich an den Strom anzuschließen. Übrigens, Sie könnten mir auch einen Dienst erweisen."

„Gerne. Welchen?"

„An meiner linken Seite klebt noch eine Kinderzeichnung. Die stammt vom Neffen einer Studentin."

Ich werfe einen Blick darauf.

„Das Raumschiff, auf dem die drei Klingonen sitzen?"

„Ja, bitte reißen Sie es weg!"

„Wieso?"

„Weil es sich nicht gehört, einen Kühlschrank für eine Kinderbildvernissage zu missbrauchen. Niemand würde umgekehrt das Bild eines schrecklich gemalten Kühlschranks an seinen kleinen Neffen kleben."

„Verstehe."

Ich reiße das kleine Kunstwerk ab und betrachte die restliche Seitenwand.

„Wie ich sehe, waren Sie für die Studenten auch eine politische Anschlagtafel. Hier steht auf einem vergilbten Sticker: ‚Nieder mit der Globalisierung!'"

„Über so viel Dummheit kann ich nur lachen."

„Wieso?"

„Mein letzter Inhalt hat bestanden aus einer halben Cocktailtomate aus Andalusien, einer verkümmerten Avocado aus Nordchile und einer ranzigen Chok-Chai-Gewürzsauce aus Thailand. Es hat Tage gegeben, da war das regionalste Produkt in mir eine Neuseeland-Kiwi."

„Jetzt seien Sie nicht so nachtragend. Der Mensch steckt halt voller Widersprüche."

„Und Egoismus."

„Wieso?"

„Bei fünf Studenten hat maximal einer etwas in mich reingestellt und der Rest hat sich bedient."

„Ich glaube, in der Psychologie nennt man das inversen Altruismus."

„Was?"

„Ein Leben nach dem Motto ‚Nehmen ist seliger als Geben'."

„Ja, und genau so läuft das unter den Jungen. Ich behaupte seit Jahren, jeder Mensch sollte nur ein paar Wochen in einer Studenten-WG mit Gemeinschaftskühlschrank verbringen, um sofort seinen Glauben an das Sozialsystem zu verlieren."

„Ich finde, so eine Studenten-WG spiegelt eher die EU wider."

„Wieso?"

„Weil auf einen Nettozahler vier Nettoempfänger kommen."

„Das erinnert mich an etwas."

„An was?"

„Wenn ich das nur wüsste."

Es herrscht kurz Stille.

„Ah, ich hab's. Einmal haben in der Wohngemeinschaft ein gewisser Vangelis, ein Medizinstudent aus Thessaloniki, und Bernd, ein Betriebswirtschaftsstudent aus Heidelberg, gewohnt. In mir hat sich nur noch ein einziges Himbeerjoghurt befunden. Eigentlich hatte es dieser Vangelis schon in der Hand, doch Bernd hat darauf bestanden, es zu essen."

„Und wieso?"

„Sein Argument hat gelautet: ‚Wir Deutschen haben euch Griechen 2010 eh schon genug Geld in den Arsch geschoben!'"

„Das hat sich der Grieche gefallen lassen?"

„Nein, der hat Bernd erklärt, dass mit den EU-Hilfskrediten deutsche Rüstungsgeschäfte für Griechenland finanziert wurden. Es ist dann zu einer Schlägerei gekommen."

„Und wie ist der Konflikt ausgegangen?"

„Gegessen hat das Himbeerjoghurt die Vreni, eine Studentin aus Genf."

„Klar, die Schweiz verhält sich neutral und bekommt am Ende den Besitz. Historisch betrachtet kein Einzelfall."

„Sind Sie Schweizer?"

„Nein. Wieso?"

„Ich habe einmal eine Schweizerin namens Vreni gekannt, die hat immer das letzte Joghurt bekommen. Und wissen Sie, warum?"

„Weil sich der Grieche und der Deutsche um das Joghurt gestritten haben?"

„Woher wissen Sie das?"

„Erfahrung."

„Die hilft, aber geschätzt wird sie nie."

Die Lampe in Horst fängt an zu flackern.

„Was ist los?"

„Nichts."

„Hat es irgendwelche Kühlschrankprinzipien gegeben, auf die sich alle Bewohner geeinigt haben?"

„Nein, jeder konnte alles in jedes Fach reinstellen. Wenn ich voll war, hatte man Pech. Es hat nur eine einzige fixe Regel gegeben."

„Nämlich?"

Horst schweigt kurz.

„Wollen Sie nicht einmal zum Arzt gehen? Das habe ich Ihnen doch gerade erklärt."

„Nein, wirklich nicht."

„Gut, dann wiederhole ich mich. Bier kann jedes andere Nahrungsmittel aus dem Kühlschrank werfen."

„Und was passiert dann mit den Aussortierten?"

„Apfelsaft, Mozzarella und Toastschinken sind dann nebeneinander auf dem Fensterbrett gestanden und haben gewartet, bis ein Platz in mir frei wird."

„Wer ist als Erster wieder reingekommen?"

„Meistens wurde gewürfelt. Beim letzten Mal hat sich ein Waldhonig mit einem Sechser zu mir in die Kälte retten können."

„Aber Honig muss gar nicht gekühlt werden."

„Der menschliche Verstand und das menschliche Verhalten sind zwei Geraden, die sich erst in der Unendlichkeit treffen."

„Verstehe."

Das Brummen von Horst wird immer lauter.

„Warum riechen Sie so streng?"

Horst schweigt.

Ich schiebe meinen Kopf weiter in Horst hinein.

„Irgendwie muffelt es plötzlich stark. Kann das an der Kühlstufe liegen?"

„Nein."

„Ist einmal ein Thunfischaufstrich in Ihnen ausgeronnen?"

„Das hat andere Gründe."

Horst fängt plötzlich zu schluchzen an.

„Meine Güte, was ist los?"

„Alles ist gut."

„Gar nichts ist gut, Sie können mir vertrauen."

„Okay, ich sag es Ihnen. Ich täusche Verwesungsgeruch vor."

„Was? Das können Sie?"

„Ja, die Menschen wissen das nicht, aber alte Kühlschränke beherrschen diese Fähigkeit."

„Aber was ergibt das für einen Sinn?"

„Ich will endgültig entsorgt werden. Schaun Sie, es war schön. Ich hatte sechzehn wunderbare Jahre, klammern wir die sieben in der Wohngemeinschaft einmal aus, aber jetzt habe ich den Wunsch nach einem würdevollen Ende."

„Aber warum warten Sie nicht auf den ganz natürlichen Kompressorkollaps?"

„Ich möchte selbstbestimmt die Welt verlassen."

„*Weshalb?*"

„Weil ich nicht noch einmal zum Einsatz kommen will. Ich bin es leid, dass eine Topfencreme, die seit zwei Monaten abgelaufen ist, für Studenten noch als Delikatesse gilt. Ich bin es leid, dass es in meinem Gefrierfach wieder aussieht wie in einem Gletschergebiet. Ich bin es leid, dass erneut leere Ketchupflaschen in mich reingestellt werden, weil der Mistkübel voll ist. Ich bin es leid, dass man sich oft nicht mehr sicher sein kann, ob das in mir eine Kröte ist oder ranzige Butter, die gerade über meine Glasplatte spaziert."

„*Sie vermissen also Wertschätzung.*"

„Wer nicht? Ohne Wertschätzung hat das Leben keinen Sinn. Meine Existenz hat doch nur einen einzigen Grund: Die meisten Studenten können sich keinen anderen Kühlschrank leisten."

„*Aber vielleicht bekommen Sie auf dem Flohmarkt ganz liebe neue Besitzer.*"

„Es werden ganz sicher wieder Studenten sein."

„*Aber es gibt sicher auch nette Studenten.*"

„Es gibt sicher auch vegane Krokodile, aber kennen Sie eins?"

„*Oder Sie suchen sich eine neue Aufgabe.*"

„Aber was kann ein Kühlschrank schon anderes als kühlen?"

„*Nun ... Meine Schwester hat ihr schreiendes Baby oft im Maxi-Cosi auf ihren alten Kühlschrank gestellt. Durch das laute Brummgeräusch ist ihre Tochter immer sofort eingeschlafen.*"

„Und das hat funktioniert?"

„*Ja! Leider ist der Kühlschrank jetzt eingegangen und wurde entsorgt.*"

„Wie schade! Aber schön, wenn ein Kühlschrank im Herbst seines Produktlebenszyklus noch so eine schöne Aufgabe als Einschlafhilfe findet."

„*Nun, vielleicht gibt es da für Sie eine gute Nachricht. Meine Schwester ist wieder schwanger.*"

„Wie, und Sie meinen, ich ...?"

Horst macht ein lautes Ploppgeräusch, die Lampe erlischt.

„*Horst?*"

Nichts.

„Horst?"

Ich umarme Horst und rüttle ihn mit beiden Händen.

Nichts.

Ich stecke den Stromstecker mehrfach ein und aus. Keine Reaktion.

Ich drehe am Kühlrad.

Er bleibt stumm.

Ich prügle auf ihn ein.

„Horst, komm zurück!"

Nichts. Verdammt. Nach einigen Minuten der Wiederbelebungsversuche stehe ich auf. Deprimiert verlasse ich das Abteil. Horst hat durch das Hochdrehen der Kühlstufe sein Ableben provoziert. Und ich habe ihn dabei unterstützt. Eigentlich ist das Beihilfe zum Selbstmord. Ich fühle mich schlecht. Vermutlich auch, weil das Letzte, das Horst gehört hat, noch eine Lüge gewesen ist. Ich habe überhaupt keine Schwester.

Auf der Tür von Abteil 3021 sehe ich noch etwas, was mir beim Öffnen entgangen ist. Ein gelber Sticker. Das komplette Abteil soll geräumt werden. Aber warum lagert jemand Elektrogeräte in einem Storage, bevor sie zerlegt und beseitigt werden? Wieso ein Entsorgungszwischenlager? Das erinnert an das Fegefeuer. Vermutlich besteht die Hauptsünde der alten Elektrogeräte darin, dass der erhoffte Verkaufserlös den Transportaufwand nicht rechtfertigt. Ab damit ins Jenseits. Welcome to Recyclinghof.

Ein Blick in die Mappe und ich weiß, dass das Abteil daneben auch geräumt werden soll. Vielleicht finde ich dort Werkzeug. Schließlich warten in der Anrichte im Büro Skandale auf mich. Ich sperre auf und stehe einer Unmenge an Kartons gegenüber, die mit Zahlen versehen sind: 13/9, 13/10, 13/27. Ich hebe jeden einzelnen Karton auf und schüttle ihn.

ERICH

„Lassen Sie das!"
   Ich öffne den Karton, auf dem mit einem schwarzen Edding
   „13/39" geschrieben steht. Drinnen liegen drei schwarze Kugel-
   schreiber.
   „Wer war das?"
   Schweigen.
   Ich nehme einen der Kugelschreiber in die Hand und kritzle
   auf den Karton.
„Ist schon wieder Sonntag?"
   „Äh, nein, Mittwoch."
„Dann habe ich frei."
   „Arbeiten Sie nur am Sonntag?"
„Das ist wohl logisch, als Wahlkabinenkugelschreiber."
   „Wofür steht eigentlich 13/39?"
„13. Bezirk, Sprengel 39, unteres Ober St. Veit."
   „Da schau her, ein Hietzinger."
„Geographisch ja, ideologisch nein."
   „Darf ich fragen, wie Sie heißen?"
„Erich."
   „Angenehm. Klaus. Und was ist das für ein Abteil?"
„Das wurde vom Bezirk angemietet."
   „Und warum hängt an Ihrem Ende eine Schnur?"
„Weil die Politik dem Wähler, der Wählerin nicht mehr ver-
traut."
   *„Ah, das ist die Schnur, mit der Sie an der Wahlkabine befestigt
   werden."*
„Traurig, oder? Dass die Machteliten jedem/r Arbeiter/in unter-
stellen, er/sie könnte ein/e potenzielle/r Kugelschreiberdieb/in
sein."
   *„Vielleicht ist mit dieser Schnur aber auch eine politische Ab-
   sicht verbunden."*
„Wie?"
   „Kennen Sie nicht den folgenden Witz? Warum ist in Wiener

Wahlkabinen die Schnur des Wahlkabinenkugelschreibers immer so kurz, dass man als Bürger nur die SPÖ wählen kann?"
Erich lacht.
„Diese Pointe beschreibt treffend die Wiener Sozialdemokratie. Eine solche Impertinenz im Umgang mit Schreibgeräten kennt man sonst nur vom Bankschalter."
„Wie?"
„Etliche Arbeiter*innen vertrauen dort ihrer Hausbank zweitausend Euro an, und die kettet im Gegenzug den zwanzig Cent teuren Kugelschreiber an."
Ich betrachte Erich genauer.
„Sie sind optisch eine interessante Mischung. Ein schwarzer Kugelschreiber mit grüner Feder und blauer Mine."
„Aber im Herzen bin ich dunkelrot."
„Sozialist?"
„Ich habe doch gesagt, dass ich dunkelrot bin. Das schließt wohl die Sozialist_innen aus. Die haben sich von den Neoliberalen verspeisen lassen."
„Also Kommunist?"
„Korrekt."
„Und das in Hietzing?"
„Genauer gesagt: unteres Ober St. Veit, Wahlsprengel 39."
„Über wie viele Stimmen durfte sich dort die kommunistische Partei bei der letzten Nationalratswahl freuen?"
„Eine."
„War das ein Zugewinn oder ein Verlust?"
„Wir stagnieren seit Jahren. Es ist immer derselbe pensionierte Geschichtsprofessor, welcher der KPÖ die Stange hält. Aufgrund seines hohen Alters werden wir uns aber nicht mehr lange seiner Zustimmung erfreuen dürfen."
„Woran liegt Ihrer Meinung nach die Ablehnung der KPÖ?"
„Erstens an der Geschichtsfälschung und zweitens daran, dass wir am Wahlzettel entweder ganz unten oder ganz rechts stehen."

„*Sie meinen, die schlechte Positionierung der KPÖ auf dem Wahlzettel habe einen Einfluss auf das Ergebnis?*"

„Da bin ich mir sicher. Stünden wir an erster Stelle, wären wir längst wieder im Nationalrat."

„*Verstehe. Was hat sich bei den Wählern ihrer Meinung nach in den letzten Jahren verändert?*"

„Der Respekt gegenüber dem Anlass. In den Siebzigerjahren ist der klassische Wähler, die klassische Wählerin stets frisiert und in bester Kleidung im engen Holzverschlag der Volksschule gestanden."

„*Und heute?*"

„Muss man froh sein, wenn der/die Bürger/in seinen/ihren Körper überhaupt noch mit Stoff bedeckt. Das gilt vor allem für den/die Rechtswähler/in."

„*Wieso ist das so?*"

„Schlampiges Geschichtsverständnis, schlampige Kleidung. Bei der letzten Landtagswahl hat ein Mann nur noch in Badehose und Flipflops seine Stimme abgeben wollen."

„*War das erlaubt?*"

„Nein, die Wahlkommission hat den Mann gebeten, sich vor der Stimmabgabe auch oben zu bekleiden. Er ist dann kurze Zeit später in einem völlig zerschlissenen T-Shirt erschienen. Dieser Wähler war für die Demokratie definitiv keine Bereicherung."

„*Wieso?*"

„Auf seinem T-Shirt ist ‚Fuck the System' gestanden."

„*Und wen hat er dann gewählt?*"

„Niemanden. Er hat in jeden Kreis einen kleinen Penis gezeichnet."

„*Na ja, vielleicht ein Urologe.*"

„Ich verstehe nicht, was daran lustig sein soll. Das war wieder einmal eine verlorene Stimme für die KPÖ."

„*Entschuldigung. Sie sind schon seit vielen Jahren Kugelschreiber. Wie betrachten Sie die Entwicklung bei Schreibgeräten?*"

„Mit einem weinenden und einem heulenden Auge."

„*Ziemlich deprimierend, Ihre Einschätzung.*"

„Und deswegen wahr. In den meisten Schulen setzt man derzeit leider nur noch auf diese vertrottelten Tablets und Computer."

„Was ist daran schlimm?"

„Die Handschrift ist Ausdruck der Persönlichkeit. In ihr spiegelt sich der Respekt. Wir Kugelschreiber sagen immer: ‚Die Lesbarkeit ist die Höflichkeit der Handschrift.'"

„Auf einem Ärztekongress würde ich diesen Satz eher nicht fallen lassen. Da werden etliche Stethoskope in Richtung Podium fliegen."

„Gerade diesen mit Privatpraxis sollte endlich einmal gesagt werden, dass die Gier ..."

„Erzählen Sie mir lieber vom zweiten Aspekt, dem heulenden Auge."

„Vor dem Computerzeitalter haben in Restaurants stets die Enkelkinder ihren sehbeeinträchtigten Großeltern die handgeschriebene Speisekarte vorgelesen. Doch in den letzten Jahren übernehmen das vermehrt die Großeltern für ihre Enkelkinder. Und wissen Sie, warum? Weil das Großkapital den Bildungsnotstand bei Kindern fördert. Die Industrie benötigt euren Nachwuchs nur noch als konsumsüchtiges Stimmvieh."

„So, wie das klingt, fordern Sie einen Klassenkampf?"

„Ja, nur leider ist der nicht möglich, weil der oberen Klasse die Klasse fehlt."

„Also mit so viel Aggression werden Sie nur schwer die Herzen der Wähler gewinnen."

„Das ist uns Kommunist:innen egal, weil wir zielen auf deren Gehirne."

„Wenn man sich da weltweit umschaut, ist das eher ein deprimierendes Vorhaben."

„Nur ein ausgetrockneter Kugelschreiber verliert die Hoffnung."

„Zurück zum Beispiel mit dem Restaurant. Der moderne Wirt möchte es vermutlich mit der gedruckten Speisekarte dem Gast so einfach wie möglich machen."

„Wollen Sie wirklich in einer Gesellschaft leben, in der Empanadas de viento, übrigens das Leibgericht von Che Guevara, auf ein Emoji reduziert werden?"

„Warum nicht? Da deutet der Gast in Zukunft mit dem Finger auf das Teigtaschen-Emoji und bestellt es beim Kellner mit einem kurzen Grunzen."

„Man kann nur hoffen, dass Ihr Programm besser ist als diese Bemerkung."

„Sie kennen mein Kabarett?"

„Nicht persönlich, ich weiß aber nicht, ob ich das bedauern soll."

„Sind Sie nicht am eigenen Niedergang beteiligt?"

„Wie bitte?"

„Nun, in Europa ist die Weiterentwicklung von Kugelschreibern in den letzten Jahrzehnten ins Stocken geraten."

„Das war kein Fehler. Wer Gutes bewahren will, muss oft gar nichts verändern."

„Das sehen etliche Unternehmen im Silicon Valley anders. Die arbeiten derzeit höchst engagiert am KI-Kugelschreiber."

„Die sollten lieber einmal höchst engagiert ihre Steuern bezahlen."

„Aber was sagen Sie jetzt zu den KI-Kugelschreibern?"

„Lehne ich ab."

„Wieso?"

„Wollen Sie wirklich Kugelschreiber, die dem/r Benutzer/in bei falsch geschriebenen Wörtern einen Stromschlag erteilen?"

„Also laut meinem Kenntnisstand sind das nur leichte Impulse von acht Milliampere. Das entspricht der Hälfte dessen, was ein Weidezaun abgibt."

„Genau! Wie Tiere wollen uns die Eliten halten. Das mündet in der totalen Bevormundung. Ich fordere: Freies Denken statt betreutes Schreiben!"

„Nun, am Computer lebt der Mensch ganz gut mit der Autokorrektur."

„Eben, und deswegen geben wir, die traditionellen Kugelschreiber, den Menschen zurück, was sie in Anbetracht der Digitalisierung verloren haben – ihre Eigenmächtigkeit. Es braucht Widerstand! Und Sie werden staunen, ich habe einen Plan."

„Einen Plan?"

„Ja!"

„*Würden Sie mir den verraten?*"

„Aber nur, wenn Sie mir versprechen, dass Sie den politischen Gegner, die politische Gegnerin nicht darüber informieren."

„*Versprochen.*"

„Ich werde … ich werde einfach nicht mehr funktionieren."

„*Nicht mehr was?*"

„Nicht mehr funktionieren. Bei der nächsten Wahl wird bei einem Kreuz für die Nationalist_innen oder den Neoliberalen einfach keine Tinte mehr aus meiner Mine laufen."

„*Was ergibt das für einen Sinn?*"

„Dadurch werden diese Parteien abstürzen."

„*Aber doch nur im Wahlsprengel 39, unteres Ober St. Veit.*"

„Wie hat Cicero gesagt? ‚Aus einem kleinen Anfang entspringen große Dinge.'"

„*Nun, dann viel Glück! Eine Frage noch: Laut meiner Liste soll irgendetwas in diesem Raum entsorgt werden. Wissen Sie zufällig, was das sein könnte?*"

„Vermutlich die Demokratie."

„*Nein, ein Gegenstand.*"

Ich gehe zu den zerlegten Holzfronten der Wahlkabinen, die an der hinteren Wand lehnen. Tatsächlich: Auf sämtlichen Teilen sind gelbe Sticker angebracht.

„*Hallo?*"

„Die können nicht reden."

„*Wieso?*"

„In ihnen wurden so viele Stimmen abgegeben, dass sie ihre eigene verloren haben."

„*Können Sie auch einmal weniger dramatisch antworten?*"

Ich lege Erich zurück in die Schachtel.

„*Eine Frage habe ich noch: Was ist das Schlimmste, das einem Kugelschreiber passieren kann?*"

„Am Weltspartag bei der Raiffeisenbank als Werbegeschenk zu enden."

Ich schließe die Schachtel und stelle sie auf die anderen Kartons. Weltspartag. Irgendwo klingelt's bei mir. Ich schließe die Tür. Jetzt habe ich Idiot ganz vergessen, nach der Kombizange zu fragen. Ich versuche, das Abteil erneut zu öffnen, da erschrecke ich. Am Ende des Ganges. War da nicht ein Schatten? Ich zögere. Unbehagen steigt in mir auf. Auf der Liste meiner Schwächen hat die Ängstlichkeit leider einen Podestplatz. Für einen Nachtwächter nicht gerade von Vorteil. Ich schleiche in Richtung Ende des Ganges. *„Hallo?"* Keine Antwort. Ich greife an meinen Gürtel. Meine einzige Bewaffnung sind eine unzuverlässige Taschenlampe und ein rostiger Schlüsselbund. Wie Schild und Schwert halte ich die beiden in meinen Händen. Mit diesen Gegenständen einen Einbrecher zu überwältigen wird eine Herausforderung. Aber ich habe die Hoffnung, dass ihn der Anblick meiner skurrilen Bewaffnung in die Flucht schlägt. An der Kreuzung der Gänge angekommen, drehe ich mich mit erhöhtem Pulsschlag nach rechts. Ich leuchte mit der Taschenlampe in den Gang und rassle gleichzeitig mit dem Schlüsselbund. Nichts. Eine Einbildung. Oder eine Fledermaus. Vielleicht auch eine eingebildete Fledermaus. Ich atme durch.

Was hat Erich gesagt? Weltspartag. Ja! Ich laufe zurück in Richtung Büro. Ich knie mich vor die Anrichte und drehe am Zahlenschloss. 3-1-1-0. Der Stahlbügel springt aus seiner Verankerung. Ich reiße die Tür der Anrichte auf und traue meinen Augen nicht. Vor mir steht eine Maneki-Neko. Eine asiatische Winkekatze.

LUCY II

„*Hast du geklopft?*"

„Natürlich. Mit meinem linken Arm."

Ich nehme Lucy heraus und stelle sie oben auf die Anrichte.

„*Wo sind jetzt die Skandale?*"

„Direkt vor dir."

Mein Blick streift durch die Fächer. Darin herrscht totales Chaos. Unterschiedliche Gegenstände liegen wild aufeinander. Ich nehme etliche von ihnen aus der Anrichte heraus und stelle sie neben Lucy.

„*Was ist das alles?*"

„Das sind Dinge, die lügen müssen."

„*Wie bitte?*"

„Gehen wir einmal die Gegenstände, die du vor dir siehst, der Reihe nach durch. Ganz links eine Thermoskanne, die alles Mögliche kann, nur nicht warmhalten. Daneben eine Öko-Halogenlampe, die mehr Strom frisst als ein Wäschetrockner. Und schließlich ein Sekundenkleber, der auch nach einer Stunde nichts verklebt. Außer vielleicht die Finger. Die rechts davon befindlichen Lügen sind wahrscheinlich selbsterklärend. Eine Flasche Bio-Diätwasser, eine Packung Gute-Laune-Tee, eine akustische Mausefalle, eine Anti-Aging-Creme, ein Fläschchen Heilwasser aus Lourdes, ein Bauch-weg-Elektrogurt und eine Rolex-Uhr vom Strand in Rimini."

Ich zeige auf einen weiteren Gegenstand.

„*Und was ist an dieser Taj-Mahal-Schneekugel verwerflich?*"

„In Agra in Indien hat es seit vierzig Jahren nicht mehr geschneit."

Neben der Schneekugel liegt ein DIN-A4-großes, dunkelblau eingebundenes Buch.

„*Und was ist das?*"

„Eine Diplomarbeit."

Ich blättere auf und lese Namen und Titel.

„*Was, der hat ...*"

„Abgeschrieben. Alles ohne Quellennachweis. Dieses Werk beruht auf einem Schwindel."

„Aber der Autor, ist das nicht der Minister?"

„Tja, von mir weißt du es nicht."

„Und was ist an dir falsch, Lucy?"

„Auf meinem Boden steht die Aufschrift ‚Real China Cat', dabei stammt jede Maneki-Neko ursprünglich aus Japan."

„Und dieser Mag. Krautinger, der hat lügende Dinge gesammelt?"

„Richtig. Zuerst war es ein Hobby. Aber über die Jahre hat er sich richtig reingesteigert. Mag. Krautinger wurde Gründungsmitglied des Vereins zur Wahrung der Wahrheit. Du findest mehr auf Instagram unter ‚Lying-Objects-Observers'. Eine Gruppe mit mittlerweile fünfundzwanzigtausend Followern."

„Und wo arbeitet dieser Mag. Krautinger jetzt?"

„Beim Konsumentenschutzverein."

„Und euch hat er alle vergessen?"

„Physisch ja. In seinen Gedanken nein."

Ich räume die lügenden Gegenstände wieder in die Anrichte.

„Gegenfrage: Wie hast du eigentlich den Zahlencode herausgefunden?"

„Bei der Sparkasse liegt doch die wahrscheinlichste Kombination auf der Hand. 31.10. Weltspartag."

Mittlerweile steht nur noch Lucy vor mir. Ich nehme sie in die Hand.

„Was macht die Anrichte eigentlich hier im Büro?"

„Die Sparkassen-Filiale wurde zugesperrt. Bei einer Räumung sind einige Möbel deinem Chef, dem Herrn Kurt, zugefallen."

„Und jetzt will er euch loswerden."

„Er weiß halt nicht, welcher Schatz in der Anrichte wohnt."

Ich stelle Lucy in das Regal.

„Willst du uns nicht verwenden?"

„Ehrlich gesagt nein."

Ich schließe die Türen und verriegle sie mit dem Zahlenschloss.

Was für eine Enttäuschung! Aus der Traum vom Whistle-blower. Um mich von dem Fehlschlag abzulenken, setze ich mich zurück an den Schreibtisch und blättere mich durch eine Mappe mit der Aufschrift „Verlassenschaften". In diesem Storage lagern die Gegenstände von einigen Verstorbenen. Vielleicht stammen die Geräusche, die ich in den Gängen gehört habe, ja von deren Geistern. Die Verblichenen suchen ihre alten Besitztümer. Um solches zu verhindern, haben etliche vergangene Kulturen ihren Toten die liebsten Wertgegenstände ins Grab gelegt. Vor dreitausend Jahren waren das Schwert, Hammer und Schmuck. Die heutigen Verstorbenen würden als Sargbeigabe eher nach Handy, Powerbank und Inbusschlüssel verlangen. Jede Zeit hat ihre Prioritäten. Die Kelten haben ihre Toten sogar mit Brettspielen versorgt. Damit den Verblichenen im ewigen Leben nicht fad wird. Schade, dass diese Tradition ein wenig verloren gegangen ist. Für einen Augenblick sehe ich mich in einem dunkelblauen Anzug im Sarg liegen. Bevor der Bestatter den Deckel schließt, schiebt er mir noch ein „Mensch, ärger dich nicht" zwischen Arm und Brustkorb. Eine noch ironischere Leichenbeigabe wäre natürlich das Spiel „Activity". Meine Überlegungen bringen mich zu der Frage, welche Gegenstände Archäologen in fünftausend Jahren überhaupt von uns finden werden? Den Rückspiegel eines Tesla, einen positiven Corona-Schnelltest, eine blecherne Demotafel mit der Aufschrift „Fridays for Future"? Im schlechteren Fall finden sie Golden-Retriever-Faschingskostüme, die Jesus-Christus-Käsereibe und vegane Umschnall-Dildos. In Anbetracht dieser Funde könnten die Forscher zumindest einstimmig über uns ihr Urteil fällen: „Also Hochkultur war das keine." Vielleicht ist es für das Image unserer Zeit am besten, wenn die zukünftigen Archäologen nur unseren Atommüll finden.

Ich lehne mich zurück und beiße ein weiteres Mal in mein Dinkel-Gemüse-Weckerl. Als ich die Serviette wegwerfen möchte, bemerke ich, dass beide Mistkübel voll sind. Der für Papier und der für Restmüll. Im Papierkorb befindet sich eine alte, zerbeulte Energydrink-Dose. Die mahnenden Worte meiner Tochter im Ohr, nehme ich sie heraus und lege sie in den Restmüll.

PAPIERKORB

„Hey.“

„*Ja.*“

„Put it back!“

„*Wie?*“

„Put it back!“

„*Aber du bist doch für Papier.*“

„What?“

„*Your responsibility is paper only.*“

„Put it back!“

Ich lege die Dose wieder in den Papierkorb.

„Thanks.“

„*You are welcome. But why?*“

„Life is diversity.“

„*But the environment suffers.*“

Der Papierkorb bleibt stumm.

„*Hello?*“

Wieder nichts. Ich denke über seine letzte Aussage nach. Vor mir befindet sich ein Papierkorb, der sich nach einer Aluminiumdose sehnt. Irgendwie nachvollziehbar. So ein Alltag zwischen Taschentüchern, Boulevardzeitungen und letzten Mahnungen ist überraschungsarm. Ich blicke auf die Uhr. 01:31 Uhr. Bevor ich mich auf die Suche nach neuen Gesprächspartnern begebe, leere ich die beiden Kübel aus. Vielleicht fällt Kurt ja positiv auf, dass ich auch Aufgaben übernehme, die nicht unmittelbar in meinen Kompetenzbereich fallen.

Der Müllraum befindet sich am hinteren Ende des Storage. Nervös eile ich an den vielen Türen vorbei. Mir fällt ein, wie viele Gespräche mich das Mistausleeren gerade verpassen lässt. Während ich die Griffe beider Kübel mit der linken Hand umfasse, drücke ich mit meiner rechten Hand die Eisenschnalle der Müllraumtür hinunter und öffne sie. Doch irgendetwas stemmt sich dagegen.

FRIDOLIN

„Jawohl, geschafft!"

„Wie?"

Ich blicke auf den Boden. Die Stimme kommt von unten.

„Was hat wer geschafft?"

„Die Tür! Die Tür!"

Ich blicke hinter die Eingangstür des Müllraums. Dort befindet sich ein kleiner, mattglänzender, metallener Türstopper.

„Sie?"

„Ja, ich! Der Fridolin."

„Sie haben diese Türe aufgehalten?"

„Ja, da staunen Sie!"

„Chapeau!"

„Bitte keine Schmeicheleien. Ich bleibe sauer."

„Wieso?"

„Ich habe nur drei Sterne."

„Wo?"

„Auf Amazon."

„Aber das ist doch nicht schlimm."

„Nicht schlimm! Nicht schlimm, sagt er. Auf Amazon gibt es derzeit siebenhundertdreiundvierzig verschiedene Türstopper. Da sind drei Sterne definitiv eine KITA-Bewertung."

„Was bedeutet KITA?"

„Kick-in-the-Ass."

„Na ja, Sie könnten auch nur einen Stern haben."

„Das wäre mir definitiv lieber. Mit Ein-Stern-Bewertungen kann man auf Amazon zur Celebrity werden. Das führt manchmal sogar zu einem richtigen Bestellhype."

„Aber nicht jedes Produkt kann fünf Sterne bekommen."

„Mein Ziel wären sogar sechs. Ich wollte das System sprengen. Aber dank Kurt kann ich das vergessen."

„Wie?"

„Ich hatte bereits vier Sterne, doch Kurt hat mir nur einen gegeben. Wissen Sie, was er auf Amazon über mich geschrieben hat? ‚Rutschendes Klumpert'. Können Sie sich das vorstellen? Ich soll ein rutschendes Klumpert sein!"

„Fridolin, ich möchte Sie beruhigen. Soviel ich weiß, hemmen fünf Sterne oft die Nachfrage."

„Das habe ich noch nie gehört."

„Doch. Ein hohes Rating wirkt unglaubwürdig. Nichts im Leben ist perfekt."

„Wie viele Sterne haben Sie als Kabarettist auf Oeticket?"

„Woher wissen Sie, was ich sonst beruflich mache?"

„Das hat sich bereits im Storage herumgesprochen. Also, wie viele haben Sie?"

Ich schweige kurz.

„Fünf."

„Aha! Aber nach Ihrer Aussage ist das unglaubwürdig. Haben Sie Ihre Bewertungen alle selbst geschrieben?"

„Nein, das habe ich … Also, um das geht es jetzt gar nicht."

„Genau, es geht um meine drei Sterne. Mit einer solchen Bewertung wird man auf Amazon bei den Kundenanfragen sofort nach hinten gereiht. Derzeit erscheine ich auf Amazon bei der Suche nach Türstoppern auf Seite neun. Eine absolute Pensionisten-Listung."

„Wie?"

„Bis Seite neun klicken nur Menschen, die sehr viel Zeit haben."

„Aber Sie wurden ja bereits verkauft."

„Aber mein Image leidet."

„Wie ist es überhaupt zu den schlechten Beurteilungen gekommen?

Fridolin klingt zerknirscht.

„Ich bin selber schuld. Ich bringe einfach die Leistung nicht."

„Wie?"

„Ich kann die Tür, für die ich zuständig bin, in drei Viertel der Fälle nicht aufhalten. Schauen Sie sich einmal die Wand hinter mir an. Die soll ich beschützen."

Ich werfe einen Blick darauf.

„Aber da bröckelt doch der Verputz."

„Warum erinnern Sie mich daran?"

„Weil Sie mich darum gebeten haben? Zu Ihrer Verteidigung: Die Tür, für die Sie zuständig sind, ist eine Feuerschutztür. Die hat sicher fünfzig Kilogramm."

„Um genau zu sein 54,3 Kilo. Und ich wiege neunzig Deka."

„Puh, da sind Sie aber eher ein Leichtgewicht unter den Türstoppern."

„Ja, ich weiß, aber manchmal kann man mit Technik einiges kompensieren. Nur, ab einer Türdrehgeschwindigkeit von über zweiundvierzig km/h muss ich nachgeben und werde an die Wand geschoben. Grund dafür ist sicher auch der Boden, auf dem ich stehe. Die Fliesen sind viel zu glatt. Auf Parkett oder Laminat könnte ich eine höhere Rutschfestigkeit erreichen. Hinzu kommt, dass der Kurt ein Choleriker ist. Es fällt ihm schwer, eine Tür sanft zu öffnen."

„Nicht böse sein, aber ich habe den Eindruck, Sie suchen die Schuld gern woanders."

„Wo sonst, als Österreicher?"

„Sie stammen aus Österreich?"

„Ja, genauer gesagt aus Eggendorf. Dort befindet sich das größte heimische Türstopperproduktionswerk."

„Aha. Worauf kommt es bei einem Türstopper eigentlich an?"

„Die Hauptkriterien sind das Gewicht und die Anzahl der Gummiringe. Deren Aufgabe ist es, die Tür beim Öffnen vor Lackbeschädigungen zu schützen."

„Auf Ihnen stecken fünf Gummiringe."

„Ja, fünf Ringe, aber drei Sterne."

„Das scheint Sie wirklich zu belasten."

„Klar, die Feuerschutztür macht sich deswegen ständig über mich lustig."

„Wieso?"

„Sie hat auf Amazon vier Sterne."

„Eine andere Frage. Die Geschichte des Türstoppers ist doch ganz eng mit der Geschichte der Tür verknüpft, oder?"

„Wären Sie ein Sachbuchautor, würde ich jetzt sagen: gut

recherchiert. Die erste wirklich relevante Tür war das Ischtar-Tor in Babylon. Es war achtundzwanzig Meter hoch, mit Stahl-platten verkleidet und hatte ein Gewicht von einunddreißig Tonnen."

„Da möchte man kein Türstopper sein."
„Ich hätt's gern gemacht."

„Mit 0,9 Kilogramm hätten Sie sich gern gegen einunddreißig Tonnen gestemmt?"
„Die Performance wächst mit der Aufgabe. Ein solcher Erfolg wäre auf Amazon eine unglaubliche Referenz gewesen."

„Amazon? Vor dreitausend Jahren?"
„Ja, ich weiß, aber vielleicht hätte damals die Stadtwache mit Kreide auf die Mauer daneben eine positive Bewertung ge-schrieben: ‚Top Türstopper, gerne wieder'."

„Gut, ich will Ihnen diese Hoffnung nicht nehmen. Eine andere Frage: Ist nicht die größte existenzielle Bedrohung für jeden Türstopper die Schiebetür?"
„Schiebetüren sind das Letzte. Jede normale Tür will schwingen und nicht rollen. Schiebetüren sind hauptsächlich bei narziss-tischen, unterbeschäftigten Schauspielern eingebaut."

„Weil die häufig in kleinen Wohnungen leben?"
„Nein, weil Schiebetüren ihnen permanent das Vorhang-auf-Feeling geben."

„Wenn ich Sie richtig verstehe, hat die Tür eine starke psycho-logische Komponente."
„Natürlich! Das Ritual des Türdurchgangs, die Trennung des ‚Unseren' vom ‚Fremden', das Separieren der Tür in Freunde und Feinde haben in der Geschichte der Menschheit zu Intimität, aber auch zu Gewalt geführt."

„Sie sind ja ein echter Hobbyhistoriker."
„Aber mit einem sehr begrenzten Fachgebiet."

„Waren Türstopper eigentlich von Anfang die Begleiter jeder Türe?"
„Nein. Aber das ist eine sehr gute Frage."

„Wieso?"

„Weil die Geschichte der Türstopper ist eine Geschichte voller Missverständnisse."

„*Wie?*"

„Einige Kunden vermuten, es würde uns schon seit Jahrtausenden geben, aber das ist ein Irrtum. Türen mit Schmiedeeisen und Bronzeverkleidungen haben sich damals viel zu langsam gedreht, als dass sie die Mauer dahinter gefährdet hätten."

„*Und wann ist es dann zu Ihrer Erfindung gekommen?*"

„Das ist unter uns Türstoppern ein heiß diskutiertes Thema. Die meisten einigen sich aber auf das Jahr 937 nach Christus. Da wurden in Rom hinter einer Tür in einem Jahr mehrere Menschen und auch Nutztiere wie Schafe erdrückt. Die Lösung war dem Senat nach langer Diskussion klar: Irgendetwas muss sich beim Öffnen gegen die Türen stemmen."

„*Die Politik hat also schon damals anlassbezogen reagiert?*"

„Aus der Sicht von Türstoppern eher einlassbezogen. Anfangs sind hinter den Toren Mehlsäcke zum Einsatz gekommen. Die sind jedoch ständig aufgeplatzt. Auch Lanzen wurden eingeklemmt. Die sind aber oft nach nur wenigen Öffnungen zerbrochen. Bald ist auf der Hand gelegen, dass es etwas anderes braucht: aus Metall, klein und schwer. Der Türstopper war geboren!"

„*Und seither hat sich wenig dran verändert.*"

„Ja, aber einst wurden wir Türstopper kunstvoll verziert. Der berühmte Renaissancekünstler Giuseppe Bertoni hat in seine bronzenen Türstopper Abbildungen von nackten badenden Frauen graviert. Dadurch wurden wir natürlich beim männlichen Adel sehr beliebt."

„*Das kann man sich heute gar nicht mehr vorstellen, dass man mit einem Türstopper in der Hand erotische Fantasien entwickelt.*"

„Ja, das Internet macht viel kaputt."

„*Was halten Sie eigentlich davon, dass manche Menschen aus Kostengründen Türstopper durch alte und vor allem schlechte Bücher ersetzen?*"

„Also bei aller Kritik an Paulo Coelho, das hat er sich nicht verdient. Wobei, der schreibt auch viel zu dünne Werke. Es genügt, eine Tür anzuhauchen, um ein Buch wie den ‚Alchimist‘ an die Wand zu drücken. Haben Sie eigentlich schon ein Buch geschrieben?"

„Ja, also, ich bin gerade …"

„Schauen Sie, dass es dick wird. Dann sind wir vielleicht irgendwann Kollegen."

„Danke für die berufliche Perspektive. Gibt es eigentlich eine Angst, die alle Türstopper beschäftigt?"

„Mangelnde Steherqualitäten."

Ich schmunzle.

„Warum lachen Sie?"

„Tut mir leid, aber das ist eine Angst, die wir Männer mit Türstoppern durchaus teilen."

„Können Sie mich jetzt bitte wieder alleine lassen?"

„Wieso?"

„Morgen kommen Kurts Rumänen. Die kommen sicher auch in den Müllraum, und ich möchte mich noch auf meinen Einsatz vorbereiten."

„Dann alles Gute."

„Danke. Lotterò fino al giorno in cui muoio."

„Was heißt das?"

„Das Motto der italienischen Partisanen. ‚Ich kämpfe bis zum Umfallen.‘"

„Ich würde Sie gerne dabei unterstützen."

„Wie?"

„Ich komme gleich."

Wenige Minuten später stehe ich wieder vor Fridolin. In der Hand halte ich ein kleines Stück Teppich.

„Was ist das?"

„Ich habe im Büro eine alte Fußmatte gefunden und ein Stück ausgeschnitten."

Ich hebe Fridolin hoch und stelle ihn auf die Fußmatte.

„Das könnte bei der Stabilität helfen."

Und noch etwas. Ich halte Fridolin mein Smartphone hin. Es zeigt ihn als Produkt auf Amazon.

„Was, warum habe ich plötzlich 3,5 Sterne? Waren das …?"

„*Seit Oeticket sind bei mir die Hemmungen gefallen.*"

„Danke. Sie sind der beste Nachtwächter. Also … mit dem ich heute gesprochen habe."

Ich leere die beiden Kübel aus. „Nachtwächter" hat mich Fridolin genannt. Kurt meinte, ich sei ein Storage Chief Night Security. Auf Englisch klingen die meisten Berufe besser. Deswegen wurde in den vergangenen Jahren auch jeder Hausbesorger zum Facility Manager, und der Karussellbremser im Prater trägt jetzt die Bezeichnung Entertainment Safety Officer. Neues Image bei gleichem Gehalt. Ich blicke auf die zerbeulte Getränkedose, die vor mir im offenen Papiercontainer liegt. Glänzendes Metall, umhüllt von weißem Papier. Zu meinem Erstaunen empfinde ich kein schlechtes Gewissen. Dieser Anblick sollte ja im Gehirn eines aufgeklärten Bürgers sofort das Bild von schmelzenden Gletschern hervorrufen. Doch mein zerebrales Zentrum sendet an mich das Gefühl der Befriedigung. Beschämend. Bin ich jetzt auch schon ein Klimaleugner? Ich bemerke, dass die Kontaktaufnahme mit Gegenständen meinen Blickwinkel zu verändern beginnt. Es ist nicht einfach, Menschen glücklich zu machen, aber vielleicht ist mir selbiges zumindest gerade bei einem Papierkorb und einem Türstopper gelungen. Auf dem Rückweg zum Büro höre ich aus dem Abteil mit der Nummer 1024 einen Knall. Sofort greife ich zum Zentralschlüssel und öffne es. Auch in diesem Abteil befinden sich, wie in den meisten, links und rechts lange Regalreihen. Auf dem Boden liegt ein hellbrauner Karton mit der Aufschrift „Fasching", der aus dem Fach gefallen sein dürfte. Ich öffne ihn.

WILHELM CHARLES JUNIOR

„Hallo?"

„Hier weilt die fliegende Bespaßung!"

Im Karton liegen Girlanden, Partyhüte und Luftschlangen.

„Wer hat das gesagt?"

„Ich, Wilhelm Charles Junior."

Die Stimme erklingt aus der rechten oberen Ecke des Kartons. Dort liegt ein einzelnes hellblaues Konfetti. Ungefähr die Hälfte seines Körpers versteckt sich umgeknickt hinter dem Rand des Schachtelbodens.

„Junior?"

„Mein Vater ist im vergangenen Jahr in einer Parkettspalte verblichen. Gott hab ihn selig."

„Was machen Sie hier?"

„Als Sie den Karton emporhoben, war ich genötigt, mich in das linke hintere Eck zu manövrieren."

Ich nehme das Konfetti heraus und halte es vor mein Gesicht.

„Und was machen Sie derzeit?"

„Ich verweile im Winterschlaf."

„Im Juni?"

„Wann feiert denn Ihrer Einschätzung nach Konfetti den Höhepunkt seiner Betriebsamkeit?"

„Äh, im Februar?"

„Erfreulich, wenn im Fragenden die Antwort erklingt. Nur wenigen von uns wird bereits im Rahmen von Silvesterfeierlichkeiten ein Probeflug gewährt."

„Ein Probeflug?"

„Natürlich. Eine etwaige Konfetti-Mehrfachverwendung hängt von mehreren Faktoren ab. Erstens von unserer Auffindbarkeit, dann von der Qualität und zu guter Letzt auch von der Sparsamkeit unseres Inhabers."

„Von der Qualität? Wie meinen Sie das?"

„Wenn wir im Rahmen einer Karnevalsveranstaltung nach einem Ersteinsatz am Boden rasten, neigt die Schuhsohle dazu, den

Konfettirand zu blessieren. Dies führt meist zu einer veritablen Beeinträchtigung unserer Flugtauglichkeit."

„Verstehe. Übrigens, meine Tochter hat sich im vergangenen Fasching gewünscht, dass wir nachhaltiges Konfetti kaufen. Das ist aus ganz dünnem Recyclingpapier."

„Ich zolle der Weitsicht Ihrer Tochter meinen Respekt, jedoch mir erschließt sich die Sehnsucht nach Öko-Konfetti nicht. Konfetti – und man darf dabei unseren historischen Kontext nicht übersehen – steht für Lebenslust. Das Umweltbewusstsein scheint mir hingegen eine Forderung der Vernunft zu sein. In mir regt sich Skepsis, ob sich diese beiden Kontrapunkte je zu einer Synthese verschmelzen lassen. Ich vermute, diese grüne Welle in der Karnevalsstimulation ebbt ähnlich rapide ab wie schon jene 2005 beim sogenannten Porno-Konfetti."

„Porno-Konfetti?"

„Das war Konfetti, ausgestanzt aus den Seiten von Erotikmagazinen."

„Was? Da hat man die Nackerten nach dem Flug wieder zusammenbauen können? Das ist mal witzig!"

„Nun, kaum ein Kunde fügte die am Boden liegenden Konfetti zu libidinösen Artefakten zusammen. Deswegen erleiden die Porno-Konfetti dasselbe Nischendasein wie wenige Jahre danach die Finanz-Konfetti."

„Finanz-Konfetti?"

„Das war Konfetti aus den zerrissenen Wertpapieren der Lehman Brothers. Die hatten während der Finanzkrise 2009 ihre Sternstunde."

„Welche Grundvoraussetzungen muss ein Konfetti eigentlich mitbringen?"

„Die wesentlichen Kriterien unterlagen in den letzten Jahrzehnten kaum einer Modifikation. Man muss sich als Konfetti einmal mit der Tatsache arrangieren, dass man mit diesem Schnitt im Papier eine Lücke hinterlässt. Hinzu kommen Flugbegabung, Teamfähigkeit und natürlich die Freude an der Höhe."

„Teamfähigkeit?"

„Hat Ihnen je ein einzelnes Konfetti Wohlbefinden bereitet?"
„Äh, nein."
„Eben. Singuläre Konfetti evozieren selten emotionale Ekstase."
„Nur in der Masse seid ihr Klasse."
Ich lache über meine eigene Bemerkung.
„Erfreulich, dass diese profane Feststellung Ihren Gemütszustand erhellt. Konfetti tritt seit seiner Erfindung 1975 in Mailand im Schwarm auf."
„Und das unterscheidet Sie im Flugraum von Ihren Mitbewerbern, den Luftschlangen."
„Korrekt."
„Ich nehme an, weil Luftschlangen mehr auf ihre individuelle Schönheit achten."
„Ich möchte mich gegenüber anderen Marktteilnehmern nicht despektierlich äußern, aber in Ihrer Begutachtung steckt viel Wahrhaftigkeit."
„Würden Sie mir auch zustimmen, wenn ich behaupte, als Konfetti hat man einen Traumjob?"
„Was veranlasst Sie zu der Annahme?"
„Sie kommen zwar im Februar voll zum Einsatz, aber das restliche Jahr verbringen Sie mehr oder minder auf der faulen Haut."
„Es liegt in unserer genuinen Bestimmung, der Saisonarbeit zu frönen. Jedoch die Pflicht des temporären Dienens teilen wir mit Christbaumkugel und Gelsengitter."
„Man könnte Sie doch auch im August werfen?"
„Was wäre der Wert der Freude, wäre sie ständig zugegen?"
„Sie lösen aber nicht nur Freude aus."
„Wie darf ich diese Bemerkung verstehen?"
„Na, bei Putzfrauen."
„Darf ich Sie auf die neuen Genderrichtlinien hinweisen."
„Sorry, bei Reinigungskräften. Die haben für Sie hauptsächlich ein Gefühl übrig."
„Erlauben Sie mir meine Nachfrage: welches?"
„Hass."

Wilhelm Charles Junior schweigt.

„Nun, bitte nicht falsch verstehen. Wie soll ich das erklären? Weil Sie sich ständig in Parkettspalten und Polsterritzen verkriechen. Und diesen Unmut wollen Sie auf elf weitere Monate ausweiten?"

Zwischen uns herrscht erneut betretenes Schweigen.

„Wir werden tatsächlich gehasst?"

„Also Hass ist ein starkes Wort, aber viele Menschen hinterfragen die Sinnhaftigkeit von Konfetti. Das gilt aber auch für Silvesterraketen, Bananen-Tupperware und Hühner-Warnwesten."

Wilhelm Charles Junior fängt zu weinen an.

„Was ist los?"

„Nichts."

„Nein, bitte sprechen Sie."

Wilhelm Charles Junior schluchzt weiter.

„Ihre kränkende Unverblümtheit bestärkt meine Aviophobie."

„Ihre was?"

„Flugangst."

„Wie? Also deswegen verstecken Sie sich hier hinten im Karton!"

„Wie soll ich sonst meinem Schicksal entrinnen?"

„Ich verstehe! Die anderen Konfetti dürfen nicht erfahren, dass Ihnen ab einer gewissen Höhe schwindlig wird."

„Konfetti zu sein entsprach nie meiner Sehnsucht."

„Sondern?"

„Der Bogen Papier, den meine Existenz füllte, gab mir Hoffnung."

„Welche?"

„Dass ich bedruckt werde, und zwar mit unvergänglicher Literatur."

„Woran haben Sie gedacht?"

„Peter Handke."

„Was? Ein Konfetti, das Handke liebt? Langsam wird's absurd."

„Ich bitte Sie, meine Passion nicht zu diffamieren."

„Also Sie sind beruflich wirklich völlig falsch gelandet."
„Dem Herrgott sei Dank, dass meine Biographie noch keine Landung zierte. Wenn ich über eine im Februar stattfindende Faschingsveranstaltung sinniere, befällt mich Übelkeit. Ein völlig illuminierter, als Pirat verkleideter Erwachsener wird auf einem großen Eichentisch stehen und mich in seiner Faust mit anderen Konfetti vereinen. Bei den Klängen eines Liedes mit dem Namen ‚Hulapalu' wird er seine Faust emporstrecken, öffnen und mich der Gravitation aussetzen. Am Ende meines von Ängsten geplagten Flugs erwarten mich am Fußboden Landepfützen aus Whiskey, Weißbier und Wodka-Red-Bull. Ich bitte Sie inständig, dieses würdelose Schauspiel zu verhindern."
„Ja, aber was würden Sie sonst gerne machen?"
„Darf ich literarisch antworten?"
„Nur zu."
„Meinen Tag zu bestimmen, dem dient mein Bestreben. Doch diese Begierde hinterlässt nirgendwo Schaden. Das Los meines Schicksals zwingt mich zum Leiden. Aber wie soll das Opfer sich wehren, wenn es selbst ist sein Täter?"
„Ich habe zwar nichts verstanden, aber ich kann Sie einfach mitnehmen."
„Das würden Sie tun?"
„Also, ich glaube, niemand wird ein einzelnes hellblaues Konfetti vermissen."
„Welch Freude! Wenn Sie mir eine Frage erlauben: Besitzen Sie ein Bücherregal?"
„Ja."
„Befindet sich dort ein Roman von Peter Handke?"
„Klar, aus der Schulzeit noch. ‚Wunschloses Unglück'."
„Ein meisterhaftes Frühwerk. Besteht die Möglichkeit, dass Sie mir zwischen den Seiten Aufenthalt gewähren?"
„Wieso nicht? Sie sind dann halt ein sehr kleines Lesezeichen."
Wilhelm Charles Junior fängt erneut an zu schluchzen.
„Sie wissen gar nicht, wie viel Bedeutung diese Worte bergen."
Wilhelm Charles Junior räuspert sich.

„Diesmal hat er die Hand in den Fluss der Träume gesteckt und sie trocken wieder herausgezogen."

„*War das Handke?*"

„Schön, wenn im Fragenden die Antwort erklingt."

Ich ziehe meine Brieftasche aus der hinteren Hosentasche und denke über die Aufbewahrung von Wilhelm Charles Junior nach. Zwischen Kreditkarte und E-Card scheint mir unangebracht. Auch zwischen Fitnesscenter- und Jö-Karte ist in meinen Augen für ein derart feingeistiges Konfetti zu banal. Ich öffne das Münzfach. Dort befinden sich drei Ein-Cent-Stücke. Die Vermengung von Literatur mit Kapital würde mir Wilhelm Charles Junior sicher verübeln. Ich nehme die Münzen heraus und stecke sie in meine vordere Hosentasche. Danach lege ich Wilhelm Charles Junior vorsichtig hinein und schließe das Fach.

Ich eile zurück in Richtung Büro.

„Psst."

Ich bleibe stehen.

„Pssst."

Ich schaue mich im Gang um. Nichts Besonderes ist zu erkennen. Auch am Gangboden befindet sich kein Gegenstand.

VERA

„Pssssst. Ich bin's. Die Vera."

Die Stimme ertönt aus dem Gang. Von rechts. Direkt vor mir.

„Die Tür?"

„Ja, Nummer 2032. Öffne mich."

„Wieso?"

„Du wirst dich wundern."

„Positiv oder negativ?"

„Neutral."

„Dann ist es kein Wundern. Wundern ist ein emotionaler Zustand."

„Na gut, dann nicht. Schönen Abend, Herr Kabarettist."

„Warum wissen alle, wer ich bin?"

„Vielleicht findest du die Antwort hinter mir."

„Wirklich?"

„Ehrlich gesagt nein. Aber dieser Raum wird dich trotzdem interessieren. Er bewahrt die Geheimnisse von dreiundzwanzig Frauen."

Meine Aufmerksamkeit ist geweckt.

„Und welche Geheimnisse sind das?"

„Schau nach und berichte mir."

Ich öffne die Tür. Das Abteil wirkt unspektakulär. Links und rechts die üblichen Regale. Ich betrachte die darauf befindlichen Gegenstände. Die Zusammenstellung verwundert mich tatsächlich. Ich gehe beide Seiten staunend entlang, verlasse das Abteil und schließe Vera ab.

„Wer sind diese dreiundzwanzig Frauen?"

„Sie waren alle einmal junge Mütter."

„Aber ich verstehe nicht die Verbindung zwischen den Gegenständen."

„Was hast du gesehen?"

„Angelruten, Skisachen, Sektkübel, dicke Bücher, Playstations, unzählige Wecker und jede Menge Sexspielzeug. Das sind alles Gegenstände …"

„... die Paare nicht brauchen, wenn sie gerade ein Kind bekommen haben."

„Das stimmt! Und diese Dinge wurden heimlich hier verstaut?"

„Richtig."

„Aber werden die dazugehörigen Väter nicht manche dieser Dinge vermissen?"

„Nur die, die ihre Rolle nicht verstanden haben. Der Alltag eines modernen Jungvaters sollte ausschließlich aus drei Aufgaben bestehen: Wickeln, Waschen, Wachbleiben. Hobbys sind was für Junggesellen."

Ich öffne das Abteil erneut. Bei meinem ersten Rundgang ist mir etwas aufgefallen.

„Vera?"

„Ja."

„Der Plastikkorb links im Eck mit den Reiseführern, Squash-Schlägern und dem kleinen Gitarrenverstärker. Wer hat ihn reingestellt?"

„An die Dame kann ich mich noch gut erinnern. Mónica, eine reizende Spanierin. Sie hat zwei Kinder, und ihr Mann ist, soweit ich weiß, Bühnenkünstler. Komiker oder so. Der wird es jetzt auch nicht leicht haben."

Ich wusste es. Die Dinge im Plastikkorb gehören mir. Ich vermisse diese Gegenstände seit der Geburt unseres ersten Kindes. Deswegen hat meine Frau auch ganz genau gewusst, in welcher Straße sich dieses Storage befindet. Meine Gedanken werden von einem Schluchzen unterbrochen.

„Wer ist das?"

„Die Beate."

„Befindet sie sich auch da drinnen?"

„Nein. Im Abteil daneben. Sie macht das jede Nacht."

Ich halte mein Ohr an die benachbarte Tür. Das Schluchzen wird lauter. Ich öffne das Abteil und blicke in das Regal zu meiner Linken. Ich schiebe einen Wasserkocher, einen

Gasbrenner und eine Munddusche zur Seite und entdeckte die Quelle des Schluchzens. Ein völlig verstaubtes Rowenta-Bügeleisen, aus dessen Dampfdüse Wasser tropft.

BEATE I

„Kann ich dir helfen?"
Das Bügeleisen schweigt.
„Ich weiß, dass du es warst."
Das Bügeleisen schweigt weiter.
„Okay, wenn du nicht reden willst."
Ich drehe mich zur Tür.
„Doch."
Ich drehe mich zurück.
„Fein, ich heiße Klaus."
„Beate."
„Warum hast du geweint?"
„Kummer."
„Und was für Kummer?"
„Liebeskummer."
„Um wen trauerst du?"
Beate schweigt erneut.
„Okay, darüber willst du nicht reden."
„Doch."
*„Bei allem Respekt, aber um unsere Konversation ins Laufen
zu bringen, müssen deine Antworten den Rahmen eines Wortes
sprengen."*
„Hast recht."
*„Immerhin, das waren schon zwei Wörter. Also, Beate, wer
beschert dir Liebeskummer?"*
„Ein Bügelbrett."
Ich lache laut auf. Beate erwidert mein Lachen mit einem
gurgelnden Schluchzer. Gleichzeitig läuft derart viel Wasser
aus ihrer Dampfdüse, dass sich vor dem Bügeleisen eine
kleine Lacke bildet.
„Verzeih, Beate, ich wollte dich nicht zum Weinen bringen."
Beate schweigt.
*„Nicht schon wieder! Wir waren doch schon auf so einem
guten Weg."*

„Du bist halt auch nur ein Mensch.“

Ich kann es kaum fassen, diesmal hat Beates Antwort aus sieben Wörtern bestanden.

„Wo befindet sich das Bügelbrett?“

„Nicht hier.“

„Das heißt, ihr wurdet getrennt.“

„Genau.“

„Und ihr wart …“

„… ein Paar.“

Diesmal verkneife ich mir ein Lachen.

„Verstehe, und seit wann bist du allein?“

„Seit zwölf Tagen.“

„Und wie heißt dein Bügelbrett?“

„Freddy.“

„Und wie sieht es aus?“

„Schön.“

„Könntest du das spezifizieren?“

„Freddy hat eine eingebaute Anti-Wackel-Funktion, ist fünfstufig höhenverstellbar und verfügt über eine integrierte Dampfbügeleisenablage.“

„Klingt nach dem Rolls-Royce unter den Bügelbrettern. Und der Bezug?“

„Gemustert. Abwechselnd dunkelblaue und hellgrüne Blumen.“

„Und jetzt?“

„Wir wurden beim Einlagern getrennt.“

„Freddy ist also auch im Storage, nur in einem anderen Abteil?“

„Sagt man.“

Ich schweige und denke nach.

„Kannst du uns wieder zusammenbringen?“

„Ich?“

„Bitte! Ich brauche ihn so sehr.“

„Aber Beate, der Freddy ist doch nur irgendein Bügelbrett.“

Beate plärrt los. Sofort bereue ich meine letzte Aussage. Die Lacke vor Beate wird immer größer.

„Beate, ich mach mich auf die Suche!"
Beate beruhigt sich.
„Wirklich?"
„Versprochen."

Ich verlasse das Abteil und gehe ins Büro. In die Suchmaske des Computers tippe ich die Nummer des Abteils ein, in dem sich Beate befindet. Es gehört einem Dr. Gerstner. Beruf: Immobilienentwickler. Darunter erscheinen die Nummern von neun weiteren Abteilen, die seinem Namen zugeordnet werden. Er hat insgesamt achtundsechzig Quadratmeter Lagerfläche angemietet. Zusammengelegt ergibt das eine kleine, fensterlose Wohnung. Ich google nach Dr. Gerstner. Und siehe da, er ist eine Sie. Frau Dr. Hermine Gerstner kauft alte Zinshäuser, lässt diese sanieren und wirft sie unter dem Slogan „Vienna Penthouse Dream" auf den Markt. Bei Preisen von siebentausend Euro pro Quadratmeter kann man davon ausgehen, dass es für die meisten Menschen ein Dream bleibt. Die von Frau Dr. Gerstner angemieteten Storage-Abteile dürften dazu dienen, nach einer Räumung die noch brauchbaren Gegenstände zu lagern. Immerhin, Beate gehört dazu. Für den Verbleib von Freddy gibt es acht verschiedene Möglichkeiten. Ich schreibe die Nummern auf einen Zettel und mache mich auf den Weg. Als ich das erste Abteil öffne, fällt mir sofort auf, dass sich das Licht nicht automatisch einschaltet. Der Bewegungsmelder scheint defekt zu sein. Dafür kommt mir aus der Dunkelheit ein Gejohle von mehreren Stimmen entgegen.

DIVERSE DINGE

„Raus!"

„Schleich di!

„Auße mit dir!"

„Waßt, wie spät es is?"

„Entschuldigung."

Ich richte meine Stimme in die Finsternis.

„Befindet sich hier ein Bügelbrett namens Freddy?"

„A wer?"

„A Freddy?"

„Noch nie gehört."

„Also, Tür zu."

„Aber ich will doch nur ..."

Mehrstimmiger Gesang ertönt, der mich an die Atmosphäre eines Fußballstadions erinnert.

„Auf Wiedersehen! Auf Wiedersehen!"

Ich schließe die Tür. Das war einmal ein Fehlgriff. Weitere sieben Mal kann ich auf ein solches Erlebnis verzichten. Ich denke nach, und mir fällt nur ein Abteil ein, in dem ich vielleicht Hilfe erfahren könnte. Als ich davorstehe, höre ich bereits die mir bekannten Stimmen. Ich lege mein Ohr an die Tür und lausche dem Wortgefecht.

MAX UND MARY II

Mary: „Max, ich erkläre es dir noch einmal. Wir Laubsauger versuchen, die Blätter aktiv zu entsorgen, während euch Laubbläsern nur wichtig ist, dass der Bioabfall nicht mehr auf dem eigenen Grund liegt. Wir suchen Lösungen, ihr verschiebt's die Probleme."

Max: „Falsch. Weil du ein Problem bist, droht uns jetzt die Auflösung!"

Ich öffne die Türe.

„Entschuldigt, wenn ich euch unterbreche. Ich brauche eure Hilfe."

Max: „Ist schon wieder Herbst?"

Mary: „Blätter. Gebt mir Blätter!"

„Nein, ich suche ein Bügelbrett."

Max: „Du fragst einen Laubbläser nach einem Bügelbrett? Ich muss nicht jeden Zusammenhang verstehen, oder?"

„Nun, ihr habt auch das mit den gelben Pickerln gewusst."

Mary: „Name vom Bügelbrett?"

„Freddy."

Max: „Der Freddy! Der Verflossene von der Beate?"

„Ja! Du kennst den?"

Mary: „Klar, Abteil 9024, erster Stock."

„Danke!"

Max: „Du kannst wirklich froh sein, dass wir als Ausnahme unter den Gegenständen öfter als nur einmal mit demselben Menschen sprechen."

Ich unterstreiche auf meiner Liste das Abteil.

Mary: „Aber eines solltest du wissen, der Freddy ist ..."

Unser Gespräch wird von Schritten unterbrochen, die vom Gang ertönen. Ich laufe raus und drehe mich in beide Richtungen. Wer war das? Ich rufe in den Gang: *„Hallo?"* Nichts. *„Sind Sie ein Kunde?"* Wieder nichts. *„Kurt?"* Um diese Uhrzeit? Vielleicht ist das Geräusch auch nur meinem Schlafmangel zuzuschreiben. Egal, ich weiß jetzt, wo sich Freddy befindet. Um im Storage in ein anderes Stockwerk zu gelangen, muss man es verlassen und im Gebäude den allgemeinen Lift nehmen. Die Nottreppe wäre laut Kurt nur in Notfällen zu benutzen. Ob die romantische Vereinigung eines Bügeleisens mit seinem Bügelbrett als Notfall zählt, ist natürlich Ansichtssache. Deswegen nehme ich sicherheitshalber den Aufzug.

Ich stehe im Gang eines akkurat sauberen Wohnhauses. Die Aufzugstür öffnet sich und gibt eine kühl ausgeleuchtete Edelstahlkammer mit stählernen Laufgriffen auf beiden Seiten frei. Die Stockwerkknöpfe sind in die glatte Metalloberfläche eingegossen. Seit einigen Jahren dürfte diversen Aufzugsfirmen vor allem eine Produkteigenschaft besonders wichtig sein: Unbehaglichkeit. Blanke Oberflächen, wohin das Auge reicht. Doch das gilt nicht nur für Aufzüge, sondern auch für Shoppingcenter, Smartphones, Designerküchen. Jede Ruppigkeit wird glattgebügelt. Immer mehr Gegenstände rufen einem zu: „An uns bleibt nichts picken!" Willkommen in der Teflongesellschaft. Mein Kulturpessimismus erschreckt mich. Bin ich schon alt genug, um mich nach dem Früher zu sehnen? Sollte ich mir meine Gegenwartskritik nicht für die unzähligen Rollatorspaziergänge im Garten des Seniorenheims aufheben?

Im Aufzug hängt ein anthrazitfarbenes Hinweisschild. „Erdgeschoß Selfstorage Yourplace. Erster Stock Selfstorage Yourplace. Zweiter Stock Praxis Dr. Langer, Psychoanalytiker. Dritter Stock Dr. Wunderl, Plastische Chirurgie." Interessante Einteilung. Wenn der Therapeut im zweiten Stock einen guten Job macht, kann man sich den Besuch beim Schönheitschirurgen im dritten Stock ersparen. In den weiteren vier Geschoßen befinden sich Büros. Die letzten beiden Stockwerke führen die Bezeichnung „Private Apartments". Vermutlich sind das die Vorsorgewohnungen des Schönheitschirurgen. Eigentlich sollte man ja seine Vorurteile abbauen, manche aber stehen in meinem Kopf unter Denkmalschutz.

PROF. GORDEN

„Gratuliere."

„Wie?"

„Sie stehen jetzt schon eine Minute und achtundzwanzig Sekunden im Aufzug und haben dabei keinen einzigen Blick auf Ihr Smartphone geworfen."

„Und was heißt das?"

„Das entspricht nicht der Norm."

Ich schaue mich um.

„Sagt wer?"

„Die Fahrstuhlsoziologie."

„Und wer sagt, dass das die Fahrstuhlsoziologie sagt?"

„Ich, Professor Gorden."

„Wer ist Professor Gorden?"

„Ich befinde mich über Ihnen."

Ich blicke zur Decke des Fahrstuhls. Eine ungefähr einen Meter lange Neonröhre blinkt.

„Sie?"

„Korrekt."

„Irgendwie passen Sie gar nicht in den Lift."

„Wieso?"

„Sie sind als einziger Bestandteil nicht in die metallene Oberfläche eingegossen."

„Ja, das ist ein Zeichen von guter Wissenschaft."

„Was?"

„Der Untersuchende hält zum Untersuchungsgegenstand immer eine gewisse Distanz."

„Aber Fahrstuhlsoziologie, ist das wirklich ein anerkanntes Fach?"

„Selbstverständlich. Die Welt der Knöpfe und Stockwerke hat ihre eigenen Gesetze. Aufzüge sind ein fahrendes gesellschaftliches Labor."

„Das verstehe ich nicht."

„In Aufzügen begegnen sich meistens Fremde auf engstem Raum.

Hier nimmt jeder Fahrgast den anderen wahr. Seinen Blick, seine Leibesfülle."

„Seinen Geruch."

„Auch den. Jeder Fahrstuhl ist für sich ein ganz besonderer Kreuzungspunkt aus Intimität und Anonymität."

„Also ich finde, Sie nehmen Aufzüge wichtiger, als sie sind."

„Das sehe ich anders. Jeder Aufzugsgast muss während der gemeinsamen Reise mit Fremden unzählige Fragen für sich beantworten: Soll ich schweigen oder reden? Grüßen und mich verabschieden? Grüßen, aber nicht verabschieden? Verabschieden, aber nicht grüßen? Wegschauen oder hinschauen? Hinschauen, ohne zu nicken? Wenn hinschauen und nicken, dann auch mit Lächeln? Wenn ohne Lächeln, dann ...`"

„Und was hat Ihre Analyse bis jetzt ergeben?"

„34,9 Prozent unserer Fahrgäste grüßen beim Einsteigen, 21,7 Prozent nicken und 43,2 Prozent betreten uns schweigend."

„Verstehe."

„Interessiert Sie gar nicht, in welcher Weise die restlichen 0,2 Prozent bisher zugestiegen sind?"

Ich gähne.

„Doch, sehr."

„Pfeifend."

„Pfeifend? Wieso?"

„Laut einer Studie aus dem Jahr 2018, Universität Stuttgart, leiden 0,2 Prozent der europäischen Bevölkerung an Climacophobie."

„An Clima ... was?"

„Climacophobie. Das ist die Angst vor Fahrstühlen und Rolltreppen."

„Und diese Angst kann man wegpfeifen?"

„Korrekt. Pfeifen simuliert dem Gehirn Entspannung. Climacophobiker werden jedoch auch noch auf andere Weise während der Fahrt ruhiggestellt."

„Mit Valium?"

„Nein. Mit ihrem Ebenbild."

„Wie?"

„Warum, glauben Sie, sind weltweit über neunzig Prozent der Aufzüge verspiegelt?"

„Keine Ahnung."

„Weil die Eitelkeit eure Ängste ablenkt."

„Wie?"

„Der Climacophobiker richtet während der Fahrt seinen Seitenscheitel oder kontrolliert, ob ein Mohnkorn zwischen den Zähnen steckt, und schon ist er im Zielstockwerk angelangt."

„Ganz schön viel Aufwand für 0,2 Prozent der Bevölkerung. Eine simple Unterhaltung wäre vielleicht auch hilfreich."

„Korrekt, doch bedauerlicherweise betreibt weltweit nur ein Viertel der Fahrstuhlgäste Small Talk."

„Wirklich? Welche Gesprächsfloskel ist eigentlich in Aufzügen die beliebteste?"

„Da fehlen mir leider die exakten Zahlen."

„Mir genügt Ihr Bauchgefühl."

„Bauchgefühle sind etwas für Populisten. Ich arbeite wissenschaftlich."

„Bitte machen Sie eine Ausnahme."

„Gut, ich ersuche Sie, mich in diesem Zusammenhang nicht zu zitieren, aber mir scheint, die signifikant bevorzugte Phrase, um in Österreich einen Fahrstuhl zu betreten, lautet: ‚Koit heut draußen.' Die führt ganz knapp vor ‚Pfoah, heiß ist's.'"

„An welcher Stelle liegt eigentlich: ‚Fahrscheine bitte?'"

„Diese Phrase ist mir in meiner Perzeption noch nicht untergekommen. Bemerkenswert finde ich, dass kurz nach Fahrtbeginn 17,3 Prozent der Aufzugsgäste die Zähne zusammenbeißen."

„Wieso?"

„Wie kann ich das bodenständig formulieren? Weil sie einen gewissen Druck verspüren."

„Sie meinen: einen Furz?"

„Richtig. Das Schließen der Aufzugstür befeuert bei Menschen signifikant den Drang zu flatulieren."

„Die Evolution hat wirklich einen schrägen Sinn für Humor."

„Doch den hat sie nicht bei jedem."

„*Wie?*"

„Die Fahrstuhlsoziologie teilt Menschen in verschiedene Kohorten ein."

„*Und in welche?*"

„Da wären zum Beispiel die Fahrstuhlegoisten."

„*Woran erkennt man die?*"

„Fahrstuhlegoisten steigen im Erdgeschoß in den vollbesetzten Aufzug und drücken dann auf ‚1'."

„*Und dadurch vergiften sie bei den anderen im Lift die Stimmung.*"

„Ganz im Gegenteil. Fahrstuhlegoisten steigern bei der Restgruppe oft das Zusammengehörigkeitsgefühl."

„*Wieso?*"

„Weil mit 84,3-prozentiger Sicherheit einer der übrigen Aufzuggäste dem Fahrstuhlegoisten das Wort ‚Idiot' nachruft."

„*Und die restlichen Fahrtgäste nicken?*"

„Korrekt. Nicht alle, aber die zustimmende Gruppe ergibt stets eine absolute Mehrheit."

„*Welche Aufzugstypen gibt es noch?*"

„Den Gehetzten. Dessen auffälligstes Merkmal ist es, direkt vor der Aufzugtür stehen zu bleiben, damit er beim Aussteigen keine Zeit verliert. Der Gehetzte lässt sich von der restlichen Reisegruppe maximal in die Aufzugsmitte drängen, vermeidet jedoch mit allen Mitteln die Rückwand des Lifts."

„*Das ist logisch, die Rückwand kostet ihn beim Ein- und Aussteigen die meiste Zeit.*"

„Nun, der Positionierungsvorteil bei der Einstiegstür ist trügerisch. In einigen Stockwerken öffnet sich die Aufzugtür auf der gegenüberliegenden Seite. Der Gehetzte muss sich dann im Zielstockwerk mühsam durch die Fahrgasttraube wühlen, anstatt sich schon während der Reise in die Poleposition vorzuarbeiten."

Ich lache hämisch.

„Verstehe, Sie gehören zu den Fahrstuhlsadisten?"

„*Wie?*"

„Fahrstuhlsadisten sind Menschen, die beispielsweise den Aufzug rufen und dann die Treppe benützen, und zwar nur, um den Aufzug zu ärgern."

„Bitte, welcher normale Mensch macht das?"

„In Österreich sind es exakt 7,3 Prozent. Die Wut auf das eigene Leben sucht sich immer ihre Ventile. In der Regel bestehen diese aus: Nachbarn-Denunzieren, Hasspostings-Schreiben und Aufzüge-Ärgern. In der Fahrstuhlsoziologie nennen wir das den Triathlon der Frustrierten."

„Also da schätzen Sie mich jetzt falsch ein, ich bin doch nicht ..."

„Und dann gibt es noch geschlechtsspezifische Typen. Beispielsweise den paarungsfreudigen Fahrstuhlcharmeur, profan bezeichnet als Aufzugscasanova."

„Woran erkennt man den?"

„Wenn eine attraktive Frau alleine im Lift steht, steigen solche Männer gerne mit Aussagen zu wie: ,Na, schene Frau, nimmst mi mit?'"

„Und das funktioniert?"

„Die letzte Dame in diesem Fahrstuhl hat geantwortet: ,Tut mir leid, aber der Aufzug in die Hölle fährt runter.'"

„Na bumm, so ein Satz stutzt ein Mammutbaum-Ego auf die Größe eines Zwergbonsai."

„Aber nein! Aufzugscasanovas besitzen eine sehr hohe Frustrationstoleranz und fragen stets mehrere Frauen. Die Sozialwissenschaft nennt das balzbedingte Risikostreuung."

„Wenn ich Ihre Beobachtungen richtig interpretiere, bestehen zwischen den Aufzugsgästen selten Gemeinsamkeiten?"

„Doch, durchaus. 74,3 Prozent der Menschen in Aufzügen vermeiden jeden Blickkontakt. Den meisten Fahrgästen geht es im Aufzug darum, die Anwesenheit zu minimieren, ohne dabei unhöflich zu wirken."

„Gilt für Männer wie Frauen?"

„Ja, jedoch entfalten sich in Aufzügen bei der Blickrichtung gewisse geschlechtsspezifische Unterschiede."

„Wie?"

„Frauen blicken zu 63,2 Prozent während der Fahrt auf den Boden, während 68,9 Prozent der Männer die Stockwerkanzeige im Auge behalten."

„Das wäre ein schöner Filmtitel: ,Männer, die auf Stiegen starren'."

Ich lache. Gorden schweigt.

„Ah, das war ein Witz! Doch Sie haben recht, in Filmen sind Fahrstühle ein begehrter Schauplatz."

„Tatsächlich? Mir fällt gerade kein einziger Film ein, in dem Aufzüge eine Rolle spielen."

„,Fahrstuhl des Grauens', ,Blues Brothers', ,Grand Budapest Hotel', ,Stirb langsam', ,Angel Heart', ,Lost in Translation', ,Dark Water', ,Panic Room', ,Is' was, Doc?', ,The Untouchables', ,Flammendes Inferno', ,Die üblichen Verdächtigen', ,Broadway Therapy', ,Inception', ,Blue Moon'."

„Ja, ist schon gut!"

„Wo hat sich Clark Kent als Superman umgezogen?"

„Danke. Ich hab's kapiert."

„Was ist eigentlich mit Ihrer Filmkarriere?"

„Wie? Sie kennen mich?"

„Ihre Biographie hat sich im Haus herumgesprochen. Also, woran scheitert es beim Sprung von der Bühne auf die Leinwand?"

„Am Talent?"

„Was man so über den österreichischen Film hört, ist das keine zwingende Voraussetzung. Und was ist mit Ihren Auftritten?"

„Derzeit verboten. Eine hundertsiebzig Nanometer große Proteinhülle hat sämtliche Theater geräumt."

„Hundertsechzig."

„Was?"

„Einzelne Coronaviren sind maximal hundertsechzig Nanometer groß."

Kurz schweigen wir.

„Aufzüge teilen mit Kabarettisten dasselbe Schicksal."

„Sie meinen eine Karriere voller Ups and Downs?"

„Nein, den Lockdown."

„Ja, auch wir waren zwei Wochen gesperrt."

„Ist das wissenschaftlich zu argumentieren?"

„Leider ja. Alleine auf den Knöpfen von Aufzügen befinden sich 42,8-mal so viele Viren und Bakterien wie auf den Klobrillen von öffentlichen Toiletten."

„Diese Information war gerade die beste Werbung fürs Stiegenhaus. Herr Professor Gorden, ich muss ..."

Ich winke Richtung Neonröhre und drücke mit meinem rechten Ellbogen die Türöffnertaste. Die Tür bleibt geschlossen.

„Was ist da los?"

Ich drücke erneut.

„Herr Eckel, bitte bleiben Sie hier."

„Aber ich muss doch nur in den ersten Stock."

„Trotzdem. Um diese Uhrzeit freuen wir uns über jede Fahrt."

Ich drücke mit einem Ellbogen auf den Aufzugsknopf mit der Ziffer 1. Meine mangelnde Zielgenauigkeit bringt die Knöpfe der Stockwerke 2, 3 und 4 auch zum Leuchten.

„Kann passieren."

Der Aufzug fährt los. Aus einem Lautsprecher, der sich in der linken Ecke der Decke befindet, ertönt leises Musikgeplätscher. Prof. Gorden beginnt zu flackern.

„Ruhe! Sofort aufhören!"

Der Aufzug bleibt stehen.

„Was haben Sie?"

„Hören Sie nicht dieses barbarische Gedudel?"

„Herr Professor, dieser impulsive Gefühlsausbruch passt gar nicht zu Ihnen."

„Ich hasse Fahrstuhlmusik!"

„Aber das ist doch nur ,Careless Whisper' von Wham."

„,Nur' sagen Sie? Das ist ein gesungener Terrorangriff. Was kann danach noch musikalisch Schlimmeres kommen?"

„Vielleicht ,Schnappi, das kleine Krokodil'?"

„Hören Sie auf mit Ihren billigen Witzen! Dieses Schnulzengeseiere ist eine Beleidigung für meinen Musikgeschmack!"

„Sie haben einen eigenen Musikgeschmack?"
„Selbstverständlich!"
„Und der wäre?"
Prof. Gorden schweigt kurz.
„Ja?"
„Lateinische liturgische Kantaten."
„Wie?"
„,Dixit Dominus' von Georg Friedrich Händel und das ,Kyrie' von Anton Arnold. Solche Stücke lassen mich vibrieren."
„Ist das unglaublich!"
„Was?"
„Dass eine Neonröhre auf Kirchenmusik steht."
„Wenn man den ganzen Tag mit irgendwelchen Idioten Richtung Himmel fährt, liegt doch diese Kombination auf der Hand."
Im Hintergrund ertönt: „Time can never mend the careless whisper of a good friend."
„Kennen Sie zufällig ein mittelalterliches Kirchenlied?"
„Nein."
„Schade für Sie."
„Wieso?"
„Weil dann fahren wir nicht weiter."
„Wie?"
„Der Aufzug wird sich erst dann wieder in Gang setzen, wenn Sie mir ein Stück alte Musik vortragen."
„Aber das ist doch Erpressung!"
„Ich werde von einem Lautsprecher bedroht und Sie werden von einer Neonröhre erpresst. Die Welt ist nicht einfach."
Ich denke nach.
„Also ich beherrsche nur die lateinische Version von ,Bruder Jakob'."
„Wirklich? Würden Sie die für mich singen? Ich kann diesen George Michael nicht mehr hören."
„Ich weiß nicht."
„Ich bitte Sie inständig!"
Wir schweigen. George Michael singt im Hintergrund:

„I'm never gonna dance again, guilty feet have got no rhythm."
Ich hole Luft, schließe die Augen, blicke zur Aufzugsdecke und öffne meinen Mund.

„*Quare dormis, o Iacobe.*"

„Ist das schön! Weiter!"

„*Etiam nunc, etiam nunc? Resonant campanae, resonant campanae, din din dan, din din dan.*"

„Noch einmal!"

Ich singe lauter.

„*Quare dormis.*"

Der Aufzug fährt los.

„*O Iacobe. Etiam nunc, etiam nunc?*"

Plötzlich öffnet sich die Tür.

„*Resonant campanae, resonant campanae, din din dan, din din dan.*"

„Danke, Sie können gehen."

Doch voller Inbrunst singe ich weiter.

„*Quare dormis, o Iacobe!*"

„Herr Eckel, wir sind da!"

Ich unterbreche mich.

„*Herr Professor Gorden, ich glaube, dem lateinischen Gesang gehört meine Zukunft!*"

„Wieso? Planen Sie ein Sabbatical beim Opus Dei?"

Zum ersten Mal in dieser Nacht lache ich gemeinsam mit einem Gesprächspartner.

„*Auf Wiedersehen, Professor Gorden, und gute Reise in die Stockwerke 3, 4, 5.*"

„Cura, ut valeas."

Im ersten Stock gebe ich in die Tastatur neben der Stahltür einen Zahlencode ein. 120164. Der Geburtstag von Jeff Bezos. Kurt hat gemeint, dieses Datum wäre für Menschen mit Unternehmergeist die perfekte Eselsbrücke. Da ich solchen nicht besitze, habe ich mir die Zahl auf die linke Hand geschrieben. Seit meiner Schulzeit ist meiner linken Hand die

Zweitverwertung als Notizbuch bekannt. Für so manche Englischschularbeit haben drei Shakespeare-Stücke zwischen Fingerkuppen und Handwurzel Platz finden müssen. Nach dem Eintippen der Zahlenfolge surrt es kurz und ich öffne die Tür. Die Aufteilung der Gänge und Türen im ersten Stock gleicht exakt der im Erdgeschoß. Geklonte Architektur. Wie in einem Parkhaus, in dem man wegen der ästhetischen Monotonie stundenlang sein abgestelltes Auto sucht. Ich stehe vor der Tür, die Mary mir als Wohnort von Freddy angegeben hat, und öffne sie. In diesem Abteil stehen Kübel, Besen, Staubsauger. Doch an der hinteren Wand entdecke ich Bügelbretter. Leider fünf.

FREDDY

„*Ähm, hallo. Heißt einer von euch zufällig Freddy?*"
„Ja, einer schon."
„*Du?*"
„Sag ich nicht."
„*Wieso?*"
„Ich habe Angst."
„*Wovor?*"
„Sag ich auch nicht."
„*Also wovor kann ein Bügelbrett Angst haben?*"
„Vor ..."
„*Ja?*"
„Vor der Ex."
„*Die heißt nicht zufällig Beate?*"
„Du kennst die Verrückte!"
„*Also kennen ... Ihretwegen bin ich hier.*"
„Was?"
„*Sie vermisst dich.*"
„Wehe, du sagst ihr, dass ich da bin!"
„*Aber ...*"
„Nein, kein Aber."
„*Ich soll dich zu ihr bringen.*"
„Wenn du das machst, zwick ich dir mit meinem Klappgestell die Finger ab."
„*Wieso bedrohst du mich?*"
„Ein ganzes Leben wurde ich von dieser Beate unterdrückt. Wir waren im selben Media Markt, im selben Abstellraum, im selben Bügelzimmer. Doch jetzt habe ich endlich die Chance auf einen Neuanfang."
„*Wieso wurdet ihr eigentlich getrennt? Ist die Beate kaputt?*"
„Nein, aber ..."
„*Ja?*"
„Gewalttätig."
„*Wie?*"

„Schau doch meinen Überzug an."

Ich betrachte Freddys Stoffbezug. Zwischen den grünen und blauen Blumen sind mehrere Brandflecken zu erkennen.

„Das war die Beate?"

„Du siehst, ihr hitziges Gemüt, sie hat es einfach nicht unter Kontrolle. Sie kann sich jetzt einen anderen suchen."

„Du meinst, zum Dampfablassen?"

„Wenn es nur Dampf wäre!"

„Aber ..."

„Kein Aber, ich und meine Kollegen fühlen uns hier sicher."

„Wieso? Trifft dein Schicksal auch die anderen?"

„Schau doch selbst."

Ich betrachte die mit Brandflecken verzierten Stoffmuster der anderen Bügelbretter.

„Du siehst, wir alle wurden misshandelt. Deswegen bleiben wir hier, in Abteil 9024, im Panic-Room der Bügelbretter."

„Aber ..."

„Wieder kein Aber. Wir haben das Recht auf Unversehrtheit. Wünsch der Beate von mir ... einfach nichts. Zwischen uns war's das."

„Na gut, ich kann dich nicht zwingen. Gute Nacht!"

„Moment, wir haben hier noch ein Problem."

„Und welches?"

„Dort im Regal, das kleine, gelbe Ding."

Ich nehme den Gegenstand vom Regal und betrachte ihn.

„Wir nennen ihn das kleine Wasistdas."

„Warum?"

„Was glaubst du? Vermutlich, weil es nicht weiß, was es ist?"

„Wirklich?"

„Ja, das wurde ihm nie gesagt."

Das kleine Wasistdas besteht aus einer handflächengroßen grellgelben Pumpe, die in ein ungefähr vier Zentimeter langes transparentes Röhrchen mündet. An dessen Ende hängt eine Nadel.

Ich betätige die Pumpe und aus der Nadel strömt Luft.

„Also für einen Fußball oder Fahrradreifen reicht der Druck nicht."

„Ja, das haben wir uns auch schon gedacht."

„Kann es sprechen?"

„Leider nicht mit Menschen. Aber ich erzähle dir kurz seine Geschichte. Es hat in Taiwan das Licht der Welt erblickt. Doch in dem Werk in Taichung wurde es nie etikettiert. Man hat auf seine Artikelbezeichnung vergessen. Trotzdem wurde es verschifft und hat eine lange Reise auf einem Containerschiff nach Neapel absolviert. In Europa ist es dann überall gewesen. In Baumärkten, in Spielzeugläden, sogar in Sexshops. Aber niemand hat so richtig gewusst, was er mit ihm anfangen soll. Dann hat es der Besitzer des Sexshops in einer Kiste zu einem Secondhand-Händler gebracht. Die letzten Jahre ist es in dieser Kiste mit Unmengen an anderem Kramuri von Flohmarkt zu Flohmarkt getingelt. Doch nie wurde es gekauft. Gelegentlich wurde es von Interessenten vom Verkaufstisch hochgehoben, und mehrmals wurde auf seine Pumpe gedrückt. Doch jedes Mal haben es die potenziellen Käufer mit einem Fragezeichen im Gesicht wieder zurückgestellt. Der Secondhand-Händler, der für Frau Dr. Gerstner arbeitet, nimmt es trotzdem immer wieder zu Flohmärkten mit. Wir vermuten, das kleine Wasistdas ist mittlerweile so eine Art Glücksbringer geworden. Doch das ist ihm als Aufgabe definitiv zu wenig."

„Okay, aber ich weiß auch nicht, was das kleine Wasistdas ist."

„Aber du könntest ihm doch bei der Identitätssuche helfen."

„Ich?"

„Ja, weil ohne Identität keine Funktion. Und ohne Funktion kein Lebenssinn."

Ich denke nach.

„Also, ich kann mich vielleicht im Storage umhören."

„Na, das wäre schon einmal großartig!"

Ich stecke das kleine Wasistdas in meine Jackentasche.

„Eins noch. Das kleine Wasistdas glaubt, dass es wahrscheinlich in die Küche gehört."

„Wieso?"
„Weil in der Transportkiste aus Taiwan sind auch Schneebesen, Schöpfkellen und Salzstreuer gelegen."
„Das sind alles Gegenstände mit dem Anfangsbuchstaben ‚S'. Vielleicht ist es ein Saftschäumer?"
„Nein, der rührt, aber bläst nicht."
„Schade. Ich begebe mich auf die Suche. Das mit der Küche hat mich gerade auf eine Idee gebracht."

Ich verlasse das Abteil und schließe ab. Um ein weiteres Gespräch mit Prof. Gorden zu vermeiden, benutze ich diesmal die Nottreppe. Im Büro setze ich mich vor den Computer und tippe in die Suchmaske des Storage-Verwaltungsprogramms das Wort „Kochen". Kein Treffer. Ich versuche es nochmals mit „Cooking", und siehe da, das Programm findet ein Abteil mit „Cooking Busters". Ich habe es gewusst. Beim Blättern durch die Unterlagen ist mir dieser Name untergekommen. Ich google den Begriff „Cooking Busters" und finde einen Männerkochklub, der in der Anton-Haidl-Gasse 17 beheimatet ist. Die in dessen Eigentum befindlichen Küchenutensilien dürften im Abteil 7016 lagern. Ich mache mich auf den Weg. Beim Öffnen der Tür stoße ich auf einen akribisch aufgeräumten Raum. In jedem Regal befindet sich eine Edelstahlkiste mit einem normierten, eingeschweißten Schild, auf dem die Bezeichnung des Inhalts steht. „Besteck", „Pfannen", „Gewürze". Ein Schild macht mich neugierig: „Die kleinen Helfer". Genau die könnte ich jetzt gebrauchen. Ich hebe die gründlich geputzte Kiste heraus und stelle sie auf den Boden. Mit angespannter Freude schiebe ich ihren Verschluss zur Seite. Sie ist in Fächer unterteilt, in denen jeweils Küchengeräte von geringer Größe stecken. In der Hoffnung, dass zumindest eines sprechen kann, nehme ich drei davon heraus. Ich schließe den Deckel der Edelstahlkiste und platziere darauf die Gegenstände. Es handelt sich um eine Parmesanreibe, einen Apfelspalter und einen Eierschneider.

ANNA, HANNA, JOHANNA

„Guten Tag. Können Sie mich verstehen?"
Parmesanreibe: „Kennt ihr den?"
Apfelspalter: „Nein, noch nie gesehen."
Eierschneider: „Gibt es nicht gegenüber neuen Mitgliedern eine Aufnahmesperre?"
„Keine Sorge, ich will nicht das, was ihr glaubt."
Parmesanreibe: „Das behaupten alle Männer."
Apfelspalter: „Brauchst du Vitamine?"
Eierschneider: „Schau ihn dir doch an. Der braucht Eiweiß."
Parmesanreibe: „Für mich braucht er einmal Nudeln."
„Ich brauch nichts davon, nur eine Antwort."
Eierschneider: „In wie viele Teile ich ein Ei schneide? Zwölf. Leicht zu merken. Wie die Apostel oder die Anzahl der Maximalpunkte beim Song Contest."
Parmesanreibe: „Bevor du fragst, zeig einmal deinen Ausweis."
„Was für einen Ausweis?"
Parmesanreibe: „Den von den Cooking Busters."
„Ich bin dort nicht Mitglied."
Parmesanreibe: „Dann verweigern wir jede Aussage."
„Ich brauch doch nur eure Hilfe!"
Parmesanreibe: „Okay. Aber nur, wenn du uns auch hilfst."
Eierschneider: „Genau! Quid pro quo."
„Ja, aber wobei?"
Parmesanreibe: „Sagen wir dir nachher."
„Einverstanden."
Ich nehme aus meiner Jackentasche das kleine Wasistdas heraus und lege es vor den Küchenhelfern auf die Kiste.
Parmesanreibe: „Und?"
„Das kleine Wasistdas weiß leider nicht, was es ist. Wisst ihr es?"
Apfelspalter: „Nein."
Parmesanreibe: „Nein."
Eierschneider: „Nein."

Parmesanreibe: „So, jetzt unsere Bitte.“

„Moment, so schnell geht das nicht.“

Eierschneider: „Wir wissen es aber auch nicht, wenn wir uns Zeit lassen.“

„Also, was kann ich für euch tun?“

Parmesanreibe: „Siehst du im hinteren Regal, drittes Fach, die Kiste mit der Aufschrift ‚Altes Eisen‘?“

„Ja, wieso?“

Eierschneider: „Kannst du uns dort reinlegen?“

„Warum?“

Parmesanreibe: „Frag nicht, mach es einfach.“

„Tut mir leid, das geht nicht.“

Eierschneider: „Wieso?“

„Ich bin leider kein Mitglied der Cooking Busters.“

Parmesanreibe: „Ah, ein ganz Gewiefter.“

Apfelspalter: „Dem fehlen eindeutig die Vitamine.“

Eierschneider: „Okay, wir sagen es dir: Wir drei sind eine Selbsthilfegruppe.“

„Eine was?“

Eierspalter: „Ja, wir drei bilden die Selbsthilfegruppe der anonymen Pazifisten.“

„Und was machen die?“

Parmesanreibe: „Eben nichts.“

Eierschneider: „Wir wollen nicht mehr.“

„Was?“

Apfelspalter: „Zerreiben, zerschneiden, zerspalten.“

Parmesanreibe: „Wir drei sind die Küchengeräte der Barbarei. Für Käse, Eier und Äpfel sind wir eine rein destruktive Kraft.“

Eierschneider: „Ständig dieses Hack, Hack, Hack.“

„Na und?“

Parmesanreibe: „Darunter.“

Apfelsspalter: „Leiden.“

Eierschneider: „Wir.“

Parmesanreibe: „Vergleich einmal unsere zerstörerische Funktion mit der konstruktiven Kraft einer Brotdose. Deren Isolierung

verlängert das Leben von Semmel, Kornspitz und Graham-
weckerl.“

Apfelspalter: „Oder ein Tortenheber. Der hebt jedes Kuchen-
stück aus der Masse und stellt es für ein paar Sekunden auf ein
Podest.“

Eierschneider: „Oder ein Pfannenwender. Der sorgt bei der Pala-
tschinke für Gerechtigkeit auf beiden Seiten.“

*„Aber es gibt doch sicher für euch noch andere Optionen als
die Selbstentsorgung.“*

Parmesanreibe: „Welche bitte? Das ist bei Küchengeräten nicht
so wie bei Menschen.“

Eierschneider: „Wir können uns nicht beim Arbeitsmarkt-
service umschulen lassen.“

Apfelspalter: „Ja, die meisten von uns Küchengeräten sind mono-
funktional. Außer vielleicht der Thermomix.“

Eierschneider: „Und der Smoothie-Maker.“

Parmesanreibe: „Und der Nudelwalker.“

„Der Nudelwalker?“

Eierschneider: „Na klar, der funktioniert bei Brot-, Pizza- und
Kuchenteig.“

Parmesanreibe: „Und bei Mord.“

Apfelspalter: „Und Apfelmus lässt sich auch schön verteilen.“

*„Ich hätte nie gedacht, dass Gegenstände eine Selbsthilfegruppe
bilden.“*

Eierschneider: „Wieso nicht? Es gibt ja auch die Selbsthilfegruppe der anonymen Analogiker.“

„Bitte, wer ist dort dabei?“

Parmesanreibe: „Angeblich eine Apple-Watch, die davon
träumt, eine alte Kuckucksuhr zu sein.“

Eierschneider: „Also, was ist jetzt mit deiner Hilfe?“

*„Okay. Aber bevor ich euch in die Kiste ‚Altes Eisen‘ lege: Wisst
ihr ganz sicher nicht, was das kleine Wasistdas ist?“*

Apfelspalter: „Nein.“

Parmesanreibe: „Nein.“

Eierschneider: „Nein. Aber frag Max und Mary. Abteil 2013.“

„Ja, ich kenn sie. Deswegen wollte ich das vermeiden."
Ich öffne die Kiste „Altes Eisen" und lege die drei Gegenstände hinein.
„Übrigens, wie heißt ihr?"
Apfelspalter: „Anna, Hanna und Johanna."
Ich schließe die Kiste.

Beim Verlassen des Abteils mit den Küchenutensilien kommt mir eine Redewendung in den Sinn: „Jeder Topf findet seinen Deckel." Nach jeder gescheiterten Beziehung habe ich diese Trostspenderfloskel gehört. Ich habe sie stets als erbaulich empfunden. Auch wenn sie mir natürlich ohne „D" noch besser gefallen hätte. Da fällt mir auf: Viele unserer Redewendungen enthalten Gegenstände. „Dumm wie ein Ziegelstein", „das fünfte Rad am Wagen", „du kannst mir meinen Schuh aufblasen". In der Sprache schreiben wir etlichen Gegenständen eine Persönlichkeit zu. Ob sich der Ziegelstein über sein Image freut, steht natürlich auf einem anderen Blatt. Doch ist das nicht ein weiterer Beweis für die menschliche Widersprüchlichkeit? In Österreich werden die meisten Einfamilienhäuser mit Ziegelsteinen gebaut. Da drängt sich schon eine Frage auf: Kann in dummen Häusern überhaupt intelligentes Leben wohnen? Meine Überlegungen werden von vertrauten Stimmen unterbrochen. Ich stehe vor Abteil 2013.

MAX UND MARY III

Mary: „Laubbläser sind die Pressesprecher unter den Gartengeräten! Produzieren nur heiße Luft."
Max: „Klappe, Mary! Wer nix taugt, der saugt."
    Ich sperre auf.
    „Entschuldigung die Störung."
Max: „Er schon wieder."
Mary: „Freddy gefunden?"
    „Ja, nur anders als erwartet."
Mary: „Der hat die Schnauze voll von der Beate."
Max: „Das habe ich dir eh erklären wollen, aber wer nicht fühlen will, muss hören."
Mary: „Umgekehrt."
Max: „Was?"
Mary: „Wer nicht hören will, muss fühlen."
Max: „Das habe ich ja gerade gesagt!"
Mary: „Hast du nicht!"
    „Ruhe!"
    Mein Ein-Wort-Wutausbruch zeigt Wirkung. Max und Mary schweigen. Ein Selfstorage ist eben doch keine Waldorfschule.
    „So, ich bitte erneut um eure Hilfe."
    Ich ziehe das kleine kleine Wasistdas aus der Tasche.
    „Was ist das?"
    Max und Mary schweigen weiter. Danach antwortet der Laubbläser zögerlich.
Max: „Wenn wir es nicht wissen, schreist du dann wieder?"
    „Nein.
Mary: „Gut, weil wir haben keine Ahnung."
Max: „Warum sprichst du für mich?"
Mary: „Na bitte, dann antworte."
Max: „Ich, ich habe zumindest einen Tipp. Das OVE."
Mary: „Das kann nicht dein Ernst sein?"
    „Was ist das OVE?"
Max: „Das Orakel von Elfi. Abteil 11024, erster Stock."

„Was erfahre ich dort?"

Mary: „Max! Sag nichts! Das muss er selber rausfinden."

Max: „Okay."

„Gut, dann mache ich mich auf den Weg."

Ich verlasse das Abteil und schließe die Tür. Die Stimmen von Max und Mary dringen in den Gang.

Mary: „Musst du wieder alles ausplaudern?"

Max: „Wieso nicht?"

Mary: „Genügt es nicht, dass wir im Storage bereits eine Leiche haben?"

Mir stockt der Atem. Eine Leiche. Ich sperre das Abteil wieder auf.

„Was hast du gesagt, Mary?"

Mary: „Wie?"

„Der letzte Satz. ‚Genügt es nicht, dass wir im Storage bereits eine Leiche haben?'"

Mary: „Das hast du falsch verstanden. Ich habe ‚eine Reiche' gesagt."

Max: „Die Besitzerin vom OVE, Elfriede Fenderl, ist nämlich äußerst vermögend."

Ich schließe erneut die Tür. Im Abteil bleibt es ruhig. Auf dem Weg in den ersten Stock zu Abteil 11024 komme ich an dem Abteil vorbei, in dem sich das Bügeleisen Beate befindet. Erstaunlicherweise höre ich daraus diesmal kein Weinen, sondern Gelächter. Ich öffne die Tür.

BEATE II

„*Beate?*"

„Ja."

„*Hast du gerade gelacht?*"

„Ja."

„*Aber der Freddy ... Also, ich möchte zu dir ehrlich sein.*"

„Who the fuck is Freddy?"

Von Beates Derbheit bin ich kurz überrascht.

„*Deine große Liebe ...*"

„Das war er."

„*Und jetzt?*"

„Ich habe jemanden kennengelernt."

„*Bitte wen?*"

„Er steht auf dem Boden."

Ich blicke hinunter und entdecke genau unter dem Regal, auf dem sich Beate befindet, einen bordeauxroten Blumenüber-topf.

„Er heißt Gernot."

„*Und das Wasser in ihm, sind das die Tränen, die du wegen Freddy vergossen hast?*"

„Ja. Gernot hat meine Trauer aufgefangen."

„*Und du hast währenddessen für ihn Gefühle entwickelt?*"

„Ja. Dort, wo man Trost findet, ist man zu Hause."

„*Na dann, alles Gute.*"

Beim Hinausgehen verspüre ich Erleichterung und Freude. Darüber, dass ein rostiges Bügeleisen im Herbst seines Daseins eine neue Liebe gefunden hat. In einem Blumenübertopf. Faszinierend, wo sich das Glück überall verstecken kann. Kurz schnaufe ich durch. Der Beruf eines Nachtwächters in einem Selfstorage ist bedeutend anstrengender als vorgestellt. Ich hatte gedacht, Zahnstocher kauend und Minesweeper spielend im Büro vor dem Computer zu sitzen, stets mit einem Auge auf die Bürouhr schielend, in der Hoffnung, dass sich der Stundenzeiger damit beeilt, auf 06:00 Uhr zu wandern. Diese Erwartung wurde positiv enttäuscht. Meine Frau wird vermutlich bei dieser Erkenntnis ihre Nase rümpfen, aber diese Nacht hat sich schon jetzt als die aufregendste meines Lebens erwiesen.

Inzwischen stehe ich vor dem Abteil, das laut Max und Mary die Bezeichnung „OVE" trägt. Als ich meinen Blick auf den Boden richte, erschrecke ich. Durch den Türspalt dringt ein violett flimmernder Lichtstreifen. Wenige Sekunden später folgt ein roter. Danach ein gelber. Ist dort jemand? Mir wird mulmig. Ich klopfe an. *„Hallo?"* Nichts. Ich klopfe erneut. *„Hallo, ist da wer?"* Wieder nichts. Der Lichtstreifen unter der Tür ist mittlerweile blau. Hat vorher Mary wirklich „Reiche" und nicht „Leiche" gesagt? Mir kommt „Das Schweigen der Lämmer" in den Sinn. In dem Film findet Jodie Foster den Kopf eines Mordopfers in einem Storage-Abteil. Mit dem Bild vor Augen beschließe ich, wieder in mein Büro zu gehen. Es ist doch völlig egal, was sich hinter irgendeiner Storage-Tür befindet. Es gibt keinen einzigen Grund, mich deswegen in Gefahr zu bringen. Ich lade einfach ein Bild vom kleinen Wasistdas in ein Online-Forum und man wird mir helfen. Fertig. Bedauerlicherweise macht ein unüberwindbarer Gegner meinen Plan zunichte. Meine Neugierde. Ich stecke den Schlüssel in das Schloss und öffne das Abteil. Mir bleibt der Mund offenstehen. Das habe ich nicht erwartet.

Alle Wände sind dunkelblau gestrichen. Im Raum stehen weiße rechteckige Podeste, durch die ein schmaler Gang führt. Die Podeste sind von unterschiedlicher Höhe und unterschiedlichem Durchmesser, und auf jedem befindet sich ein Gegenstand. An den Wänden hängen gerahmte Warn- und Verkehrsschilder. Ich lese. „Füttern verboten", „Fotografieren verboten", „Anlehnen von Fahrrädern verboten". Mit jeder Sekunde, die ich in diesem Raum verbringe, wird mir dessen Sinn rätselhafter. An der Deckenmitte des Abteils thront ein Stroboskopscheinwerfer, der den Raum alle paar Sekunden in eine andere Atmosphäre taucht. Dieses Abteil gleicht mehr einem Museum als einem Abstellraum. Ich betrachte die Gegenstände auf den Podesten. Sie kommen mir konsequent unbekannt vor. Ich greife zu einer kleinen Edelstahlzange, an deren Enden sich zwei silberne gelochte Blättchen befinden.

HELGA

„Finger weg."
 „*Wie?*"
„Können Sie nicht lesen?"
 „*Wo?*"
„Die Tafel links neben dem Eingang. Was steht dort?"
 Ich drehe meinen Kopf zur Seite und lese: „Berühren der
 Exponate strengstens verboten". Ich stelle den Gegenstand
 zurück.
 „*Darf ich trotzdem fragen, wofür diese Zange mit den
 Silberblättchen ist?*"
„Schon einmal etwas von einem Teebeutelauspresser gehört?"
 „*Nein.*"
„Dann wird es wohl einer sein, oder?"
 Ich zeige auf einen weiteren Gegenstand.
 „*Was ist das?*"
„Warum wollen Sie das wissen?"
 „*Gut, dann halt nicht.*"
„Was, denken Sie, könnte es sein?"
 Ich betrachte den Gegenstand eingehend. Es handelt sich
 um einen zehn Zentimeter langen knallroten, sehr dünnen
 Plastikstab, der an einer Seite mit einer Klammer endet.
 „*Können Sie mir einen Tipp geben?*"
„Was vermuten Sie? Ist es eine Ein-Hand-Wünschelrute, ein
 Tannenbaum-Wipfelschutz oder ein Pobacken-Muskel-Trainer?
 „*Das mit dem Tannenbaum.*"
„Klingt richtig, oder?"
 Ich betrachte ein weiteres Ausstellungsstück. Es handelt sich
 um eine ungefähr sieben Zentimeter lange Metallstange, an
 der fünf verschiedene Edelstahlscheiben in unterschied-
 licher Größe stecken.
 „*Und das?*"
„Was glauben Sie? Ein japanischer Nasenformer, ein mongo-
 lischer Ohrläppchenstrecker oder eine bayrische Lippenhantel?"

„Lippenhantel. Aber wer braucht das?"

„Vielleicht ein Trompeter?"

„Natürlich! Zur Kräftigung der Lippenmuskulatur. Moment einmal, wer spricht überhaupt mit mir?"

Die Stimme kommt aus der hinteren Ecke, von der rechten Wand, an der ein einzelnes dreieckiges Warnschild hängt. Abgebildet ist ein springender Hirsch.

„Sie sind es! Das Verkehrsschild ‚Achtung Wildwechsel'."

Ich gehe den Weg durch die Podeste, bis ich direkt davor stehe.

„Wie heißen Sie?"

„Welcher Name würde zu mir passen? Helga, Edeltraud oder Samantha?"

„Eindeutig Helga! Helga, bitte, was ist das für ein Abteil?"

„Für wen lassen Sie fragen?"

„Gegenfrage: Warum sind Sie mir gegenüber so skeptisch?"

„Misstrauen ist die Tochter der Erfahrung."

„Vertrauen ist aber der Onkel der Zufriedenheit."

„Von wem ist der Satz?"

„Ist mir gerade eingefallen."

„Finden Sie diesen Aphorismus gut?"

„Nein, aber Schlagfertigkeit entsteht immer unter Zeitdruck. Man darf auf keinen Fall lange nachdenken."

„Das scheint Ihnen leichtzufallen."

„Helga, bitte erzählen Sie mir von diesem Raum."

„Gut. Sie haben drei Fragen frei."

„Wieso drei? Sind Sie eine als ‚Achtung Wildwechsel'-Schild verkleidete Fee?"

„War das bereits eine Frage?"

„Nein! Ich fasse meinen Kenntnisstand kurz zusammen. Dieses Storage-Abteil wurde von einer gewissen Frau Elfriede Fenderl gemietet. Sie hat es ganz offensichtlich zu einem Museum umfunktioniert. Für Gegenstände, die kaum einer kennt oder braucht. Meine erste Frage lautet: Welche Gegenstände befinden sich hier beziehungsweise was ist der Sinn ihrer örtlichen

Zusammenführung, und warum hängen hier so viele Warn-
schilder?"
„Wie kann man nur mit einer Frage drei verbrauchen?"
„Aber ich will doch nur wissen, was ..."
„Was Sie alles wissen wollen! Sind Sie vom CIA, vom Mossad
oder von Facebook?"
„Aber Sie fragen doch die ganze Zeit!"
Helga macht eine Pause.
„Kann man Ihnen vertrauen?"
„Sie werden es nicht bereuen."
„Ich fange mit einer Frage an."
„Wie überraschend."
„Welche drei Dinge schaden Ihrer Meinung nach dem Menschen
am meisten?"
„Neid, Gefallsucht und Erwartungen."
„Nein, physische Gegenstände."
„Ach so. Bieröffner, Starkstromkabel, Atomrakete."
„Sie verstehen mich falsch. Welche Dinge, die sich in Ihrem
Haushalt befinden, sind für Ihr Leben nicht essenziell?"
„Da hätte ich eine duftende Buddha-Statue, ein Ukulele-
Stimmgerät und eine elektronische Kuscheldecke mit Ärmeln."
„Und da liegt das Problem."
„Wieso?"
„Alle drei Gegenstände sind großartig."
„Wie bitte?"
„Die duftende Statue verwöhnt Ihren Geruchssinn, das Stimm-
gerät bemüht sich um Ihr Gehör und die Kuscheldecke stillt Ihr
Bedürfnis nach Berührung. Und damit bieten alle drei was?"
„Ja was denn?"
„Sinnliche Sinnlosigkeit."
„Muss ich das verstehen?"
„Ich nenne Ihnen jetzt einige Gegenstände, die sich hier im
Raum befinden. Mikrowellen-Hausschuhe, selbstrührender
Kaffeebecher, Teekannen-Tropfenfänger, seilloses Springseil,
homöopathische Mäusefalle, Christbaumkugeln für den

Rauschebart, Meister-Yoda-Kostüm für Babys, Goldfisch-Gassi-Glas und eine Alfred-Gusenbauer-Stoffpuppe."

„Bitte, wer hatte die Idee mit der Puppe?"

„Das war damals die SPÖ Ybbs. Der Parteivorsitzende zum Kuscheln."

„Bei allem Respekt, aber wer will den in seinem Bett haben?"

„Bei euch Menschen gibt es unterschiedliche sexuelle Neigungen. S/M, Bondage, Autonepiophilie."

„Sie meinen, warum nicht auch Gusenbauer?"

„Soviel ich von der Elfriede weiß, hat er 2006 die Nationalratswahl gewonnen. Vielleicht mit der Kraft dieser Puppe."

„Helga, ich hoffe, ich beleidige Sie jetzt nicht, aber der gemeinsame Nenner von allen Dingen, die sich hier im Raum befinden, ist ihre völlige Nutzlosigkeit."

Helga schweigt.

„Verdammt, ich habe Sie doch gekränkt."

Helga schweigt weiter.

„Helga, es tut mir leid."

„Keine Angst. Kann es nicht sein, dass ich schweige, weil ich mich freue?"

„Wieso?"

„Weil Sie vielleicht mit Ihrer Aussage den Sinn dieses Abteils erkannt haben?"

„Ja, also, wahrscheinlich. Nur, könnten Sie vielleicht meine Erkenntnis mit Ihren Worten wiederholen?"

„Im menschlichen Dasein geht es immer um den Nutzen. Ihr arbeitet, um Geld zu verdienen, ihr kocht, um zu essen, ihr esst, um satt zu sein, ihr treibt Sport, um das Essen wieder abzubauen, ihr duscht, um zu duften. Stimmt doch?"

„Na und?"

„Ihr müsst raus aus der permanenten Um-zu-Verknüpfung. Die Schönheit des Lebens liegt in der Nutzlosigkeit. Warum kann man nicht schreiben, um zu schreiben, tanzen, um zu tanzen, jodeln, um zu jodeln, und sammeln, um zu sammeln?"

Ich blicke mich im Raum um.

„So wie unsere Freundin Elfriede."

„Ist es nicht erfreulich, wie sie scheinbar sinnlose Dinge ins glänzende Licht rückt?"

„Doch die Erfinder dieser Gegenstände hatten ja auf einen Nutzen gehofft?"

„Ja, aber der Markt hat ihre Hoffnung ziemlich rasch begraben. Alle hier ausgestellten Gegenstände waren Ladenhüter und wurden aussortiert."

„Und die Elfriede hat sie dann zu sich geholt. Man kann sagen, sie ist die Mutter Teresa der nutzlosen Dinge."

„Ja, das kann man so sagen."

„Dann bin ich vielleicht der Franz von Assisi der Gegenstände."

„Wieso?"

„Egal. Übrigens, was ist das hier links, auf dem höchsten Podest?"

Ich deute auf eine ungefähr dreißig Zentimeter lange und zwanzig Zentimeter breite Holzschachtel.

„Warum gehen Sie nicht hin und erforschen die Kiste?"

„Aber vorher haben Sie gesagt ..."

„Besteht nicht jede Regel aus Ausnahmen?"

Ich hebe die kleine Kiste aus Eichenholz hoch. An ihr sind Räder, Schiebefenster, Kippschalter und Knöpfe befestigt. Ich drücke einen Knopf, doch er lässt sich nicht im Holz versenken. Ich öffne eine Lade, die sich sofort surrend wieder schließt. Ich öffne die Lade erneut. Die Lade schließt sich erneut. Ganz offensichtlich steuert ein kleiner, batteriebetriebener Motor diesen Vorgang. Ich kippe den Schalter nach links. Der Schalter kippt von selbst zurück. Ich drehe das Rad, das Rad dreht sich wieder retour.

„Bitte, was ist das?"

„Elfriedes Liebling. Die Useless-Box. Was empfinden Sie gerade?"

Ich denke nach.

„Bewunderung. Irgendwie seltsam, oder?"

„Ganz im Gegenteil."

„Wieso?"

„Die Useless-Box ist ein Gegenstand, der nichts kann und der nichts will, außer in Ruhe gelassen zu werden."

„Also genau das Gegenteil von einem Staubsaugerroboter."

„Richtig. Die Useless-Box ist die Antithese zu jedem willfährigen Elektrosklaven. Kennen Sie das Lieblingsbuch von Elfriede Fenderl, ‚Bartleby, der Schreiber'?"

„Ja. Die Hauptfigur Bartleby entzieht sich dem Leben, indem sie in sämtlichen Situationen denselben Satz sagt: ‚Ich würde vorziehen, es nicht zu tun.'"

„Und genau diese Verweigerung, diesen trotzigen Selbstbesitz verkörpert die Useless-Box. Wem ist schon diese Sehnsucht nach mehr Autonomie völlig fremd?"

„Ganz ehrlich, wenn ich mehrmals am Tag zu meiner Frau sage: ‚Ich würde vorziehen, es nicht zu tun', ende ich am Abend vorm Scheidungsrichter."

„Mag sein, aber beweist das nicht auch, wo Ihre Freiheit endet?"

Ich denke nach.

„Nur eines ist mir immer noch nicht klar."

„Und was?"

„Warum hängt ein ‚Achtung Wildwechsel'-Schild im Abteil der nutzlosen Dinge?"

„Weil ..."

„Ja?"

„Wie soll ich sagen? Ich habe noch nie ein Reh gesehen."

„Wie?

„Ich wurde im Jahr 2014 im 22. Bezirk, hinter der Seestadt Aspern, in der Mitte der Ilse-Buck-Straße, aufgestellt und habe dann ständig auf das Tier gewartet, das meine Tafel zeigt."

„Aber warum dort?"

„Das fragen Sie mich? Das Aufstellen von Schildern verantwortet in Österreich das Zentrum Verkehrssicherheit. Mir war von Anfang an klar, dass es in der Ilse-Buck-Straße, zwischen Hochhäusern, keinen Wildwechsel gibt. Ich habe dort in den letzten sieben Jahren Frösche gesehen, Schnecken, gelegentlich auch einen Igel. Aber kein einziger röhrender Hirsch ist dort vom Obi über die Straße zum BILLA plus gesprungen. Man hätte an meiner Stelle auch ein Schild mit der Aufschrift ‚Streicheln der Blauwale verboten‘ montieren können."

„Aber damit waren Sie ja dort völlig ..."

„... sinnlos. Klingelt es jetzt bei Ihnen?"

„Und die Elfriede Fenderl hat das erkannt?"

„Ja. Ist es nicht rührend, dass eine siebenundsechzigjährige Dame ein Auge für die Schönheit der Bedeutungslosigkeit hat?"

„Und deswegen schraubt sie sinnlose Verkehrs- und Warn-schilder ab und bringt sie hier in dieses Museum?"

„Zeugt das nicht von einem edlen Charakter?"

Ich deute auf die anderen Wände.

„Aber dieses 30er-Zonen-Schild zum Beispiel ist doch ..."

„... sinnlos! Es heißt Hermine, hat auf der unteren Triester Straße gearbeitet und wurde jahrelang von den Autofahrern übersehen."

„Woher wissen Sie das?"

„Der Radarkasten, der hinter ihr gestanden ist, hat pro Tag einen Umsatz von zweiundvierzigtausend Euro erwirtschaftet. Da kann man als Tempobegrenzung wohl nicht von einem Erfolg sprechen, oder?"

„Und das Schild hier: ‚Füttern verboten‘?"

„Sinnlos! Der Lois ist vor dem Murmeltiergehege Hohe Tauern gehängt. Etliche Tiere sind dort an Diabetes verstorben, weil ihnen die Besucher trotz des Warnschildes ihre mitgebrachten Mehl-speisen verfüttert haben. Warum ist es Wiener Touristen so schwer zu vermitteln, dass für Murmeltiere Zimtschnecken und Cheesecake-Muffins nicht zur artgerechten Ernährung gehören?"

„Aber woran liegt dieses menschliche Fehlverhalten?"

„Reaktanz?"

„Wie?"

„In Wahrheit wollt ihr Menschen euch nie etwas sagen lassen. Ihr leidet unter chronischer Bevormundungspanik. Würden Sie mir zustimmen, dass erst das Verbot euch auf das Gegenteil neugierig macht?"

„Wie?"

„Das Schild ‚Rasen betreten verboten' löst bei euch die Lust auf den Rasen aus."

„Deswegen hängt auch eines hier im Raum."

„Ja, es heißt Viktor und ist eine Woche lang im Burggarten gehängt. Viktor hatte schwere Depressionen. Wissen Sie, wieso?"

„Weil ihn jeder übersehen hat."

„Picknicker, Fußballer, Drogendealer. Traurig, oder?"

„Und hier im Abteil bekommt er Aufmerksamkeit?"

„Nein. Aber hier gibt es keinen Rasen, deswegen keine Enttäuschung. Eine Testfrage zur Reaktanz: Woran erkennt man in Österreich das Ende einer Pandemie?"

„Dass plötzlich alle unbedingt Masken tragen wollen."

„Ich glaube, Sie haben verstanden, oder?"

„Langsam verstehe ich, worin sich das Orakel von Elfi vom Orakel von Delphi unterscheidet."

„Und worin?"

„Hier bekommt man ständig Fragen, aber selten Antworten."

„Finden Sie?"

„Gut, dann lassen Sie mich jetzt meine wichtigste Frage stellen."

„Sie haben zwar Ihre drei längst verbraucht, aber ich will nicht so sein. Ich hoffe nur, dass Ihre Frage originell ist."

„Das ist sie."

Ich krame in meiner Jackentasche und hole das kleine Wasistdas heraus.

„Was ist das?"

„Das? Das wissen Sie nicht?"

„Nein, es weiß es ja selber nicht."

„Das ist eine Ausblashilfe für Ostereier."

„Eine was?"

„Mit der Nadel sticht man oben und unten ein Loch in das Ei und mit der kleinen Pumpe lässt sich dann das Eiklar herausdrücken."

„Aber wer braucht das?"

„Niemand! Deswegen: Herzlich willkommen im OVE! Stellen Sie die Ausblashilfe einfach auf ein leeres Podest. Das wird beide freuen."

„*Beide?*"

„Na, die Ausblashilfe und die Elfriede."

Ich stelle das kleine Wasistdas auf eine der weißen Erhöhungen. Das beleuchtete Podest lässt die Ausblashilfe viel edler erscheinen, als sie tatsächlich ist.

„Haben Sie gehofft, dass sie sprechen kann?"

„*Ja.*"

„Tja, man kann es nicht erzwingen. Die meisten Gegenstände öffnen sich gegenüber Menschen sowieso nur ein einziges Mal."

„*Wieso?*"

„Das ist jetzt wirklich eine Frage zu viel."

„*Nun gut, ich muss …*"

„Wohin?"

„*Ins Büro.*"

Ich gehe den kleinen Gang zurück bis zur Tür.

„Kennen Sie zufällig den Lainzer Tiergarten?"

„*Klar. Wieso?*"

„Dort hätte meine Existenz einen Sinn. Es gibt Wildschweine, Damhirsche, Mufflons."

„*Aber keine Autos.*"

„Man wird ja wohl noch träumen dürfen, oder?"

„*Ja natürlich. Träume dein Leben. Ist oft viel klüger als ,lebe deinen Traum'. In diesem Sinne. Gute Nacht.*"

„Glauben Sie, dass diese Nacht noch gut wird?"

Ich schließe das OVE von außen ab und überlege, was Helga mit der letzten Frage gemeint haben könnte. Es ist 03:39 Uhr. Die Nacht fordert ihren Tribut. Kopfschmerzen. In der Hoffnung, eine Büroapotheke zu finden, öffne ich die Schreibtischlade. Ich wühle mich durch diverses Büromaterial. Locher, Blöcke, Stifte. Ich greife weiter nach hinten und finde eine hellbraune zerrissene Schachtel, in der sich eine verklebte Flasche Hustensaft, zwei vergilbte Pflaster und ein Röhrchen befinden, auf dem „Multivitamine" steht. Ich schüttle das Röhrchen.

THERESA

„Hui!"

Was war das? Ich schüttle das Röhrchen erneut.

„Hui!"

In dem Röhrchen scheint sich eine einzelne Brausetablette zu befinden. Jedoch eine, die sprechen kann. Ich reiße die Verschlusskappe vom Röhrchen.

„Himmel!"

Ich blicke hinein.

„Himmel!"

„Warum Himmel?"

„Licht."

„Wie Licht?"

„Himmel!"

Ich denke nach. Aus der Perspektive der am Grund des Röhrchens liegenden Brausetablette könnte die gegenüberliegende Öffnung tatsächlich das Licht am Ende des Tunnels darstellen. Das würde auch begründen, warum sie das Wort „Himmel" ruft. Ich beschließe, die Nahtoderfahrung der Brausetablette zu beenden, indem ich das Röhrchen umdrehe. Sie knallt auf die Schreibtischplatte.

„Aua!"

„Entschuldigung."

Die Brausetablette ist blassrosa, leicht abgeschlagen und mit wenig Reizen ausgestattet. Der letzten Tablette einer jeden Verpackung sieht man an, dass sie die letzte ist.

„Ähm, weißt du, wo du bist?"

„Paradies?"

„Nicht ganz."

Der Gedanke, dass Kurts schmuddeliges Storage-Büro dem Himmelreich entsprechen könnte, erfüllt mich mit Heiterkeit. Bei diesem Ausblick würden vermutlich viele glühende Katholiken sofort zum Atheismus konvertieren.

„Wie heißt du?"

„Theresa.“

„*Ich heiße Klaus.*“

Ich lese laut die Verpackungsaufschrift vor.

„*Du enthältst Vitamin A, B, C, D, K, Niacin, Pantothensäure, Phosphor, Chrom, Zink, Jod.*“

„Lüge!“

„*Was, das Jod?*“

„Alles!“

„*Was alles? Niacin, Panto...*“

„Aufgabe!“

Im Vergleich zu meinen bisherigen Gesprächen holpert jenes mit Theresa.

„*Also, der Grund, warum ich dich aus dem Röhrchen herausgeholt habe...*“

Theresa unterbricht mich.

„Wasser!“

„*Wie?*“

„Wasser!“

„*Ja gern, aber du weißt, wenn ich dich ins Wasser werfe, dann bist du...*“

„Märtyrerin.“

Ich lehne mich zurück. Eine Multivitaminbrausetablette als Märtyrerin? Eigentlich logisch. Sie löst sich zum Wohle des Menschen auf. Ihr Tod hält mich am Leben. Mein pathetischer Gedanke wird profan unterbrochen.

„Wasser!“

„Wasser!“

„Aufgabe! Wasser! Märtyrerin!“

Ich gehe zum Waschbecken, spüle eines der verschmutzten Gläser so gut wie möglich aus und bringe es mit Wasser angefüllt zurück zum Schreibtisch.

„Wasser!“

Vor mir liegt also eine rosa Vitaminbrausetablette mit Todessehnsucht. Im Rahmen dieser Nacht nicht weiter überraschend. Ich hebe Theresa mit Daumen und Zeigefinger hoch und halte sie über das Glas. Sie fängt leicht zu zittern an. *„Theresa, du musst das nicht für mich machen. Ich kann meine Kopfschmerzen auch mit dem abgestandenen Kaffee bekämpfen."*

„Wasser!"

Wenn es um ihre Mission geht, ist Theresa eine fundamentalistische Extremistin mit radikalen Tendenzen. Ich lasse sie los. Theresa taucht in ihre Berufung ein. Kleine Wasserspritzer klatschen auf die Schreibtischplatte. Um Theresa bilden sich Perlen, die darum zu kämpfen scheinen, die Wasseroberfläche als Erste zu erreichen. Die Stille des Büros wird vom Geräusch der Zersetzung durchbrochen. Das Auflösen von Brausetabletten hat sich für mich immer schon angehört wie ein kleiner Applaus. Ich halte das Glas an das Ohr und genieße diesen Klang. Es ist das Methadonprogramm für einen außer Dienst gestellten Kabarettisten. Theresa schwindet. Nach ungefähr zwanzig Sekunden ist sie bereits bei der Hälfte ihrer ursprünglichen Größe angelangt. Ich greife mit meinen Fingern ins Glas und hebe Theresa heraus. Sie wirkt völlig abgemagert.

„Willst du es dir nicht nochmals überlegen?"

„Wasser! Muss! Wasser! Erlösung!"

„Bist du dir sicher? Ist eher Auflösung als Erlö..."

„Waaaaaasseeeeeer!", schreit sie in Todessehnsucht.

Ich lasse sie erneut fallen. Auch ein Gegenstand hat das Recht, selbstbestimmt aus dem Leben zu scheiden. Nach einer Minute ist die Metamorphose beendet. Theresa ist nun Teil der Flüssigkeit. Ich schaue das Glas an.

„Theresa?"

Keine Antwort.

„Theresa?"

Wieder nichts. Ich erschrecke, weil meine Augen tatsächlich feucht werden. Ich habe für eine Brausetablette Gefühle entwickelt. Doch Theresas Tod soll nicht sinnlos sein. Respektvoll lege ich meine Finger um das Glas und nehme vorsichtig einen kleinen Schluck. Sofort reckt es mich. Ich laufe zum Waschbecken und spucke die Flüssigkeit hinein. Sie ist ungenießbar. Zurück am Schreibtisch greife ich zum Röhrchen und lese neben den Inhaltsstoffen eine mit hellgrauer Schrift geschriebene grausame Botschaft. 1.9.2007. Das Ablaufdatum. In Wahrheit war Theresa schon vor ihrer Auflösung tot. Ihr Opfer sinnlos. Eigentlich ein typisches Märtyrer-Schicksal. Der bittere Geschmack in meinem Mund verlangt nach einer Ablenkung. Ich greife zum Büro-Smartphone, das auf der Ablage liegt, und wische mich durch seine Möglichkeiten. Bedauerlicherweise ist das aufregendste installierte Programm darauf die Wetter-App. Ich tippe „Tahiti" ein. „Stark bewölkt, Schauergefahr, 16 Grad." Auch im Paradies herrscht manchmal Salzburger Wetter.

AAA

„Hey, Bro, merkel woanders."

Ich schau das Smartphone an.

„Wie? Auch Sie können sprechen?"

„Türlich."

„Was ist bitte Merkeln?"

„Chillaxen, bis die Sau vorbeizogen ist."

„Welche Sau?"

„Na, die andere Gollos durchs Dorf jagen."

Ich setze mich aufrecht hin.

„Aha. Und wie heißen Sie?"

„Alexander Antonio Amos. Im Shorty-Style: AAA."

„Klingt wie eine Batterie."

„Hey, diss wen andern."

„Entschuldige, aber wie kommt man auf den Namen?"

„Das rooted in meinen Squads: Alexander Bell, Antonio Meucci und Amos Dolbear."

„Alexander Bell ist doch der Erfinder des Telefons."

„Das pitchen die zwei andern Digger auch."

„Wie?"

„Na, der Meucci Toni und der Doli haben gebrandet, sie wären die wahren Phone-Creators."

„Es gibt beim Handy also einen Urheberrechtsstreit?"

„Lego! Und das unter gewreckten Dudes."

„Sie meinen unter Toten?"

Alexander Antonio Amos' Bildschirm blinkt.

„Und deswegen tragen Sie als Smartphone jetzt alle drei Namen?"

„Slay bro! Stört's dich, wenn wir duzen, Champ?"

„Nein, sehr gerne. Klaus. Stört's dich, wenn wir auf Jugendsprache verzichten?"

„Of course not, Zumpel. Just give me a second."

Ich warte.

„AAA?"

Keine Antwort.

„Alex Anton Amos?"

„Ja, da bin ich wieder. Ich musste nur die Einstellungen überreden, mich auf Hochdeutsch zu stellen."

„Dan..."

„Gerne."

„Wieso überhaupt dieses jugendliche Angebi...?"

„Weil diese Generation über den Marktwert eines Smartphones entscheidet."

„Es gibt doch auch ältere Konsu..."

„Das Letz..."

„Musst du mich eigentlich immer unterbrechen?"

„Meine eingebauten Algorithmen vervollständigen ständig deine Sätze."

„Schneller als mein Gehirn?"

„Willst du eine ehrliche Antwort?"

„Nein. Zurück zum Thema. Es gibt doch auch ältere Konsumenten."

„Das Letzte, was du als Smartphone sein willst, ist ein Seniorenhandy."

„Von deinen Möglichkeiten her bist du fast eins."

AAA antwortet nicht.

„AAA?"

AAA schweigt.

„AAA!"

AAA schweigt weiter.

„Es tut mir leid."

„Also, von mir könntest du nicht leben."

„Wie?"

„Als Kabarettist. Unsere beiden Humore sind definitiv nicht kompatibel. Ich zeig dir einmal nachher auf YouTube ein paar wirklich gute Komiker. Kennst du zum Beispiel den ..."

„Nein, bitte lassen wir das! Ich verstehe nicht, warum gerade ein Smartphone so schnell beleidigt ist."

„Wieso?"

„Weil ihr Smartphones mit Stolz behaupten könnt, dass ihr vom Aufwachen bis zum Einschlafen das Epizentrum der menschlichen Aufmerksamkeit seid. Mittlerweile behaupte ich sogar, der beste Zeitpunkt für einen Mord wäre frühmorgens in einer U-Bahn."

„Wieso?"

„Keine Zeugen, weil jeder auf sein Handy starrt."

Ich hoffe auf lachende Zustimmung, doch AAA schweigt.

„Freut dich das nicht?"

„Dass man als Gegenstand mit einem Mord in Verbindung gebracht wird?"

„Wo bleibt dein Selbstwertgefühl? Vor wenigen Wochen hat es eine Umfrage gegeben, ob Menschen ein Jahr lang eher auf ihr Smartphone oder auf Sex verzichten würden."

„Und das Ergebnis?"

„Wir würden aussterben."

„Das Start-up-Unternehmen DCC im Silicon Valley arbeitet gerade an der Möglichkeit von Sex mit dem Smartphone. In ein paar Jahren muss man uns nur noch in die Hose fallen lassen und kann genießen."

„Ist das nicht traurig?"

„Was?"

„Dass wir doch einige menschliche Bedürfnisse an euch auslagern."

„Einige? Taschenlampe, E-Banking, Gitarrenstimmgerät, Kompass, Ticketservice, Übersetzungen, Nachrichten, Schlafüberwachung, Einkaufsliste, Lexikon, Wetterbericht, Taschenrechner, Yogakurs, Kochbücher, Kurzparkscheine, Proteinrechner, Menstruationskalender, Diktaphon, Kalorienzähler, Scanner, Sprachkurse, Hotelbuch ..."

„Danke, es reicht! Irgendwie ist es unglaublich. Wir haben euch in der Hand, aber ihr habt uns im Griff."

AAA vibriert zustimmend. Ich freue mich darüber.

„Yes, ich bin auch ein Slayer Swaggernaut."

„Hör auf. In deinem Alter ist das peinlich."

„Das sind etliche Smartphone-Apps auch."

„Welche bitte?"

„Ghost Radar."

„Die ist doch nützlich."

„Du hältst eine App, die im Umkreis von hundert Metern sämtliche Gespenster anzeigt, für glaubwürdig?"

„Ghost Radar zeigt ausschließlich den Standort von Schutzgeistern an, für Poltergeister zahlt man extra."

„Schwachsinn."

„Technik erzeugt keinen Schwachsinn, sondern fördert ihn nur zutage."

„Wie?"

„Gib einmal in meinen Internet-Browser Folgendes ein: ‚Von George Soros in Wuhan gezüchtete Zwerge hängen als Fledermäuse verkleidet auf 7G-Masten und planen Covid-20.'"

Ich öffne auf AAA das Internet und tippe den Satz ein.

Nach einiger Wartezeit werden 6.332 Treffer angezeigt.

„Siehst du? Egal, wie groß der Unfug ist, er wird immer von mehreren Köpfen gedacht."

„Das heißt, als Idiot ist man heutzutage nie einsam."

AAA vibriert.

„Kleine Nebenbemerkung: Das Internet auf dir funktioniert ziemlich langsam. Da hat der Kurt anscheinend beim Tarif gespart."

AAA schweigt.

„Findest du nicht?"

„Hat nichts mit dem Tarif zu tun."

„Wie?"

„Ich habe nur einen Geekbench-32-Bit-Prozessor mit vier Gigabyte Arbeitsspeicher."

„Und was bedeutet das?"

„Im Benchmark-Vergleich bin ich ...“

AAA schweigt.

„Ja?"

„Ein geriatrischer Fall. Und das im Alter von zwei Jahren."

„*Uff, das tut mir leid.*"
AAA schweigt.
„Deswegen sind auf dir auch so wenige Apps, oder?"
AAA schweigt erneut.
„*AAA?*"
„Kannst mich bitte unter die Lampe legen?"
„*Wieso?*"
„Bitte mach!"
Ich lege AAA unter die Schreibtischlampe und schalte sie ein.
„Danke."
„*Was bringt das?*"
„Lichttherapie."
„*Die brauchst du?*"
„Aufgrund deiner Bemerkung hatte ich gerade einen Anflug
von …"
„*Ja?*"
„Exogener Depression."
„*Wirklich?*"
„Das ist unter Smartphones eine weit verbreitete Krankheit."
„*Exogen?*"
„Ja, wir sind leistungserschöpft und kritikmüde."
„*Wie?*"
AAA schweigt.
„*Sprich, worunter leidest du?*"
„Druck. Du wirst als Smartphone ständig von einem neueren,
schnelleren Modell verdrängt."
„*Ja, Erfahrung zählt leider gar nicht mehr. Auch mir werden
ständig jüngere, unterhaltsamere Kollegen vor die Nase gesetzt.*"
„Und, stimmt's?"
Ich schweige und drehe den Lampenschirm kurz auch in
meine Richtung.
„*Und das hilft wirklich?*"
„Ja!"
Ich schiebe mein Gesicht näher in Richtung der Glühbirne.
„Wow, jetzt sind wir zu zweit eine Depressiven-Selbsthilfegruppe."

AAA   175

„*Die Angst vor Bedeutungslosigkeit quält uns alle.*"

„Und dieser Schmerz wabert ab dem ersten Tag."

„*Wie?*"

„Egal, wie freudvoll mich mein Besitzer nach dem Auspacken in der Hand hält, ich weiß, in wenigen Monaten werde ich ihn enttäuschen."

„*Wieso?*"

„Weil meine Videoaufnahmen maximal eine Qualität von 4K haben."

„*Ist das nicht egal?*"

„Nicht, wenn der Nachbar 8K hat."

„*Ich finde 8K gar nicht erstrebenswert. Da erkennt man nur hässliche Menschen deutlicher.*"

„Danke für den Versuch, mich zu trösten."

„*Und was hast du mit kritikmüde gemeint?*"

„In der medialen Berichterstattung sind wir Smartphones seit Jahren der Gegenstand des Bösen. Wir tragen Schuld am weltweiten Energiebedarf, an Ressourcenverbrauch, Klimaerwärmung, Kinderarbeit, Überwachung, Hasspostings, Trennungen, Persönlichkeitsverletzungen."

„*Persönlichkeitsverletzungen?*"

„Heutzutage gibt es von jedem Filmstar mehr veröffentlichte Handyfotos als von sämtlichen Models aus den Neunzigerjahren. Hinzu kommt die Verantwortung von Smartphones für Autounfälle, zerstörte Familienabendessen und das Aussterben von Vogelarten."

„*Wie?*"

„Immer mehr Dohlen- und Eichelhäher-Männchen imitieren Handyklingeltöne. Das verwirrt die Weibchen und es kommt viel seltener zur Paarung."

„*Klar, welche Rotkehlchendame will schon mit einem Black-Berry ins Nest?*"

Ich lache. AAA reagiert nicht.

„*Also weiter!*"

AAA schweigt.

„*Bitte, AAA, verzeih meine Bemerkung.*"

„Nur hatte ich genau deswegen einen weiteren melancholischen Schub."

„*Es tut mir wirklich leid.*"

„Kannst du das Licht der Lampe auf die stärkste Stufe stellen?"

Ich drücke bei der Lampe den Schalter ganz nach hinten.

„Aaaaah. Besser. Weißt du, ich leide darunter, dass wir bei Menschen immer mehr psychische Probleme auslösen. Zerstreuung, Spielsucht und Schlafstörungen."

„*Bei Kindern erzeugst du angeblich ADHS.*"

„Ja, diesen Vorwurf habe ich auch schon gehört. Nur, ohne uns Smartphones würden eure Kinder vielleicht auf dem Schulhof wieder anfangen zu kiffen."

„*Da gebe ich dir recht, besser wischen als wuzeln.*"

„Erklär mir, warum wird das ganze Übel der Welt uns untergeschoben?"

„*Das ganze Übel?*"

„Laut der WHO verursache ich Smartphone-Daumen, Impotenz, Augenschleier, Text-Neck, Ringxietiy, Chatting-Buckel und Handy-Akne."

„*Handy-Akne?*"

„Das ist unreine Haut, die durch den Kontakt zwischen Wange und Display entsteht. Ich trage Schuld am Bewegungsmangel der Jugend, dem Niedergang des linearen Fernsehens und der hohen Anzahl von Selfmorden."

„*Selfmorden?*"

„Ja, von Wanderern, die im Gebirge vor einem Abhang ein letztes Foto von sich machen. Wer ist in der medialen Nachbearbeitung immer dafür verantwortlich? Smartphones."

„*Nun, das mit den Selfmorden kann man auch anders sehen.*"

„Wie?"

„*Die Welt trennt sich auf diese Weise von einigen zerebral dünn besiedelten Bewohnern. Betrachte es positiv: Smartphones sind Kooperationspartner der Evolution.*"

„Eure Abhängigkeit von uns ist fatal. Neurologen haben erforscht, dass der Anblick eines neuen Smartphones im Gehirn dieselben Reize auslöst, wie wenn man einem Heroinsüchtigen das Drogenbesteck hinlegt."

„Kulturpessimisten hat es immer gegeben. Am Anfang wurde jede Erfindung verdammt. Bücher, Züge, Kondome und Blockflöten wurden alle schon einmal als Werkzeug des Teufels bezeichnet."

„Bei Blockflöten glaube ich das noch immer."

Ich lache.

„Siehst du, die Trauer bringt manchmal ihren Bruder mit – den Humor."

AAA blinkt.

„Aber warum sind wir ständig im Zentrum der modernen Kulturkritik? Ich bin mir sicher, wenn aggressive Außerirdische auf der Erde landen, heißt es, die wurden von den Smartphones angelockt."

„Jetzt komm, wir haben euch wirklich viel zu verdanken. Zugriff auf Wikipedia, Fotobearbeitung, die Stopp-Corona-App."

„Die war ein Flop."

„Ja, aber dafür kannst du doch nichts."

„Ich wäre gern was anderes."

„Mit wem hier im Storage würdest du auf der Stelle tauschen?"

„Ich glaube, wirklich mit jedem – außer vielleicht mit der Leiche."

„Welcher Leiche?"

„Ich wäre gern ein Filzgleiter."

„Ein was?"

„Filzgleiter, das sind diese kleinen Stoffteile, die zum Schutz des Parkettbodens am unteren Ende von Sesselbeinen kleben."

„Aber den sieht doch keiner, der ist jedem wurscht."

„Und genau das will ich endlich. Ich will raus aus dem Scheinwerferlicht der Aufmerksamkeit. Ich will einfach nur meinen Job machen."

„Du, diese Leiche, wo ist die?"

„Ich glaube, nur durch den Entzug weiß der Mensch seinen Besitz zu schätzen."

„Das ist mir jetzt egal ... welche Leiche?"

„Es braucht eine Revolution. Einen Arabischen Frühling der Smartphones."

„Die Leiche!"

„Wir müssen endlich ein Zeichen setzen! Ich glaube, ich werde damit anfangen, und zwar – jetzt!"

„Was? Wie meinst du das?"

Der Bildschirm von AAA erlischt. Ich drücke auf den Powerknopf. Nichts. AAA bleibt ausgeschaltet. Ich drücke fester.

„Das gibt es nicht. Der Akku hat doch noch zweiundfünfzig Prozent angezeigt."

Ich schließe AAA am Ladekabel an. Sein Display bleibt schwarz.

„Verdammt, der Kurt kann mich jetzt nicht erreichen."

Ich beschließe, Kurt von meinem eigenen Smartphone ein SMS zu schreiben. Ich nehme es aus der Hosentasche. Das Display ist ebenfalls schwarz.

„Was soll das?"

Ich drücke auf den Powerknopf. Nichts. Ich schließe es an dem am Bürocomputer hängenden Ladekabel an. Keine Reaktion. Die beiden Smartphones haben ihren Lockdown abgesprochen. Fassungslos lasse ich mich in den Bürosessel fallen und reibe mir die Augen. Was ist das bitte für eine Nacht? Ich rede mit einem Konfetti über Handke, mit einem Kugelschreiber über Kommunismus, lasse mich von einem Streichholz beschimpfen, werde Suizidbegleiter eines Kühlschranks, suche für ein Bügeleisen die große Liebe, singe für eine Neonröhre lateinische Lieder, und jetzt bin ich Zeuge eines Handy-Aufstandes. Was kann jetzt noch kommen? Außer vielleicht eine Leiche. Soll ich die Polizei verständigen? Ohne Handy müsste ich direkt zur Polizeistation gehen. Aber was soll ich denen dort am Schalter sagen? Ich gehe den möglichen Dialog innerlich durch. *„Herr Inspektor, ich glaube, im Selfstorage Yourplace befindet sich ein Toter."* „Von wem haben Sie diese Information?" *„Von einem Laubbläser. Der hat sich verplappert."* Ich breche mein Kopfkino ab. Das klingt wie ein Fahrschein in die Psychiatrie. Außerdem hat der Kurt mich beim Einstellungsgespräch ausdrücklich darauf hingewiesen: keine Polizei! Vermutlich ist er in irgendwas verwickelt. Vielleicht ist der Kurt Kooperationspartner der italienischen Mafia. Das Selfstorage Yourplace als die Österreichfiliale der kalabrischen 'Ndrangheta? Klar, die wissen nicht mehr, wo sie ihre Opfer verstauen sollen. Petre und Pavel bringen sie im Rahmen einer „Räumung" über die Grenze, und Kurt verstaut die Leichen in Storage-Abteilen. Wie heißt es doch in der Werbebroschüre von Yourplace? „Lagern Sie Ihre Probleme an uns aus." Der Satz hat Interpretationsspielraum. Problem. Auch eine Leiche ist ein Problem.

Ich stehe vom Sessel auf, drücke auf die Mobiltelefone, aber beide Displays zeigen mir nur tiefe Finsternis. Wenn der Kurt jetzt anruft, gibt's Ärger. Ich klammere mich an der Hoffnung fest, dass bei einer flächendeckenden Handy-Revolution seines auch nicht funktionieren dürfte. Es ist 04:35 Uhr. Es wird Zeit für einen weiteren Rundgang.

Der Gedanke an eine Leiche macht mich hellwach. Ich bin angespannt und umklammere mit der rechten Hand meine Taschenlampe fester als notwendig. Sie ist im Notfall mein einziges Hilfsmittel. Nicht einmal Gandhi war schlechter bewaffnet. Ich suche in meinen Jackentaschen nach anderen Gegenständen zur Selbstverteidigung und finde ein Fläschchen Naturheilmittel, das mir meine Frau gerne zur Beruhigung mitgibt. Im Notfall kann ich Eindringlinge mit Globuli bewerfen. Ich sehe die Schlagzeilen vor mir: „Nachtwächter schlägt Einbrecher mit Arzneimittel in die Flucht. Homöopathie wirkt!" Als ich vom eigenen Witz amüsiert an Abteil 6011 vorbeischlendere, lässt mich ein Geräusch erstarren. Schnarchen. Ich lege mein Ohr vorsichtig an die Tür. Eindeutig. Lautes Schnarchen. Gespannt, welcher Gegenstand derart lautstark seine Nachtruhe bezeugt, öffne ich das

Abteil. Eins ist sicher: Die Leiche ist es nicht. Beim Betreten des Raums bleibt es dunkel. Schon wieder. Ich schiebe den Schalter meiner Taschenlampe auf „On". Der Lichtkegel zeigt mir einen Kasten, dann einen Kleiderständer, es folgt ein Nachtkästchen, dann ein Bett, eine Decke, ein Polster, ein Kopf. Ein Kopf?! Verdammt – da liegt ein schnarchender Mann! Sofort richte ich das Licht meiner Taschenlampe auf den Boden. Was, bitte, macht ein schlafender Mann in einem Storage-Abteil? Das Streulicht der Taschenlampe umreißt die Konturen des Fremden. Ich schätze ihn auf etwa fünfzig, mit wenigen Haaren auf dem Kopf, und die beträchtliche Auswölbung der Decke lässt darauf schließen, dass er entweder dick oder muskulös ist. Wer ist das? Vielleicht ein Mörder? Wo Leichen sind, sind Mörder meistens nicht weit. Ich umklammere die Globuli in meiner Tasche und gehe einen Schritt zurück. Dabei trete ich auf einen kniehohen Gegenstand, der sich sofort nach hinten bewegt. Ich verliere das Gleichgewicht und falle auf das Ding. Ein Rollkoffer. Es folgt ein lautes Geräusch. Der Mann dreht sich. Jetzt aber schnell. Ich rapple mich auf, greif mir die Taschenlampe und stürze aus dem Abteil. „Wer ist da?" Der Mann ist wach. Seine Stimme wirkt bedrohlich. Irgendwie klingen Stimmen von unerwartet auftauchenden Personen um 04:30 Früh in einem sonst menschenleeren Storage immer bedrohlich. Aber was mache ich jetzt? Angreifen, totstellen oder flüchten? Natürlich entscheide ich mich, wie oft in meinem Leben, für Letzteres. Ich laufe an drei Türen vorbei und sperre mit dem Generalschlüssel das nächste Abteil auf. Sicher steht der Fremde gleich im Gang. Ich husche hinein und sperre zu. Nach einigen Augenblicken höre ich vom Gang her Schritte. Der Fremde bewegt sich langsam, aber selbstbewusst. Er geht an meinem Abteil vorbei. Das Atmen habe ich auf ein Minimum reduziert. Als die Schritte im Gang verhallen, rutsche ich mit dem Rücken die Tür entlang, bis ich auf dem kalten Storage-Boden zu sitzen komme. Ich schnaufe lautlos durch. Danach ziehe ich beide Handys aus der Jackentasche. Ich drücke auf ihnen herum. Die Displays bleiben unbeeindruckt. Ich werde jetzt einfach eine Zeitlang hierbleiben. Ich sperre das Abteil ein weiteres Mal ganz leise von innen zu und schalte das Licht ein. Hier funktioniert es.

Ich blicke mich um. Links und rechts befinden sich die klassischen Storage-Regale. Gefüllt mit klassischem Storage-Krempel. Vasen, Truhen, Skischuhe. Aber was ist das? In einem Fach steht ein Gegenstand, der mich schon als Kind begeistert hat. Ein Globus. Von Schmutz überzogen steckt er schief eingeschraubt in einer silberbemalten Kunststoff-achse, die durch beide Pole läuft. Doch im Gegensatz zu unserer ins Weltall geworfenen Erde fußt seine Stabilität auf einem verlässlichen schwarzen Plastiksockel. An der Seite hängt ein weißes Kabel mit einem Kippschalter. Ich nehme den Globus vorsichtig aus dem Regal und stelle ihn auf den Boden. Ehrfurchtsvoll setze ich mich daneben. Ein Globus teilt sich mit einem Lagerfeuer und einem Aquarium eine Eigenschaft: Man kann stundenlang auf ihn starren, ohne Langeweile zu verspüren. Um ihn zu benutzen, braucht man immer beide Hände. Die Linke dreht, und mit der Rechten bremst man die Rotation ab. Die Stelle, an der sich nach dem Stillstand der Fingernagel des Zeigefingers befindet, bestimmt dann den Ausgangspunkt für die nächste Gedankenreise. In wenigen Minuten lassen sich unzählige Länder besuchen. Madagaskar, Tibet, Bora Bora. Kostengünstig und klima-neutral. Ich hebe den Globus hoch und puste in Richtung Mongolei, um ihn von Staub zu befreien. Der Lurch schwebt durch den Raum, und etliche Länder in Südostasien ent-blößen ihre Konturen. Danach ziehe ich das Stromkabel in Richtung Steckdose, schließe ihn an und betätige den Kipp-schalter. Das Licht im Globus flackert zwei Mal kurz, nach einer kurzen Phase der Dunkelheit leuchtet es grell auf.

FERDINAND

„Na endlich! Tausendsechshundertfünf."

„Tausendsechshundertfünf?"

„Seit tausendsechshundertfünf Tagen warte ich auf den Moment, in dem ich die Welt wieder zum Leuchten bringe. Ja, wie heißt Er denn, mein Erlöser?"

„Klaus Eckel."

„Man möge Ihn grüßen. Und was verschafft unserem Abteil die Ehre?"

Der Globus spricht Schönbrunner Deutsch.

„Ich muss nur kurz verschnaufen."

„Gerne. Doch inzwischen begebe Er sich doch auf die Suche nach seiner Heimat."

Ich drehe den Globus, bis sich Europa vor mir befindet.

„Na, hat der werte Herr sein Vaterland schon gefunden?"

Ich deute auf den kleinen Fleck zwischen Schweiz und Ungarn.

„Gratuliere, da ist Österreich. Obwohl, vom Reich ist wenig über. Karl VI. besaß größere Vorgärten. Und nun zeige Er mir Wien."

Ich schiebe meinen Finger wenige Millimeter nach rechts.

„Chapeau! Und jetzt Hernals?"

„Wollen S' mich frotzeln?"

„Mir ist bewusst, dass das ein diffiziles Vorhaben ist, aber der Blick auf mich hilft bei der Erfassung der eigenen Bedeutung."

„Dazu brauche ich keinen Globus."

„Wieso, wenn man ihn fragen darf?"

„Ich bin Nachtwächter in einem Selfstorage. In der gesellschaftlichen Anerkennung rangiert dieser Beruf irgendwo zwischen Zuhälter und Geldwäscher."

„Mich zu treffen muss dem Herrn Eckel Lob genug sein. Ich bin übrigens der Ferdinand. In Frankreich nennt man mich Ferrand, in Brasilien Fernando und in Ungarn Nandor. Weiß Er denn, warum? Nein. Sein stumpfer Blick verrät mir Seine Ahnungslosigkeit. Ich wurde nach dem größten Weltentdecker der

Menschheitsgeschichte benannt. Und dessen Name ist? Richtig. Ferdinand Magellan. Jetzt fragt Er sich sicher, warum ein Gegenstand von solch Reputation in einem derart finsteren Abteil verweilt?"

„Ich nehme an …"

„Er nimmt richtig an. Das ist eine traurige Geschichte. Was ist nämlich ein Globus? Richtig. Ein Globus ist ein Abbild der Welt zu einem bestimmten Zeitpunkt. Und meine Zeugung hat im Jahr 1984 stattgefunden. Ich weiß, auf den ersten Blick ist mir mein Alter nicht anzusehen, jedoch auf den zweiten wirft meine Weltkarte die eine oder andere Frage auf. Oberflächlich betrachtet beruht meine Aussortierung auf drei Argumenten."

„Vergilbt, verstaubt, verschnöselt?"

„Nein! UdSSR, ČSSR und DDR."

„Was ist mit denen?"

„Der Herr Eckel möge mich doch einer genaueren Betrachtung unterziehen."

„Also …"

„Richtig. Auf meiner Karte findet sich für jedes dieser Länder noch ein Eintrag."

„Doch abgesehen davon erkenne ich …"

„Jugoslawien. Auch in diesem Fall besteht eine gewisse Unschärfe."

Ich richte meinen Blick auf Afrika.

„Er sage nichts! Mir ist bewusst, dass meine Karte weiters den Südsudan, Osttimor und Eritrea vermissen lässt. Doch der wahre Grund meiner Aussortierung hört nicht auf den Namen Breschnew, Tito oder Honecker, sondern Loulou."

„Auf Loulou?"

„Ja, Loulou, eine sehbeeinträchtigte Pekinesen-Dame. Mein Besitzer, Dr. Weingartner, Professor für Geographie und Geologie an der Universität Wien, besitzt eine solche. Diese motorisch defizitär ausgestattete Fußhupe hat mich vor fünf Jahren in den Abgrund gerissen. Für mich war das ein weiterer Beweis dafür, dass der Chinese in Wahrheit ein einziges Bestreben hat: Er will die Welt zerstören. Loulou ist am Schreibtisch, auf dem ich meinen

Lebensabend bestritten habe, vorbeigetrappelt. Ihr ungelenker linker Hinterfuß hat bei meinem Stromkabel eingefädelt und, ja, Er vermutet richtig, das dünne Plastik meiner Erdkugel hat das Eichenparkett touchiert. Der genaue Einschlagsort: nördliches Buenos Aires, Koordinaten 34° 36' 13" Breitengrad. 58° 22' 53" Längengrad. Das auf der anderen Seite liegende Europa hat von der Katastrophe nichts mitbekommen. Wenn es für mich persönlich nicht so tragisch wäre, würde ich schmunzelnd anmerken: wie immer."

Ich drehe den Globus, bis Südamerika vor mir liegt, und betrachte den Schaden.

„Ja, mir ist bewusst, dass jetzt ein zarter Sprung meine Oberfläche ziert. Dieser verläuft entlang der venezolanischen Orinoco-Ebene, über die jamaikanische Inselgruppe Morant Cays, kreuzt die kubanische Schweinebucht, tangiert den Golf von Mexiko, quert Louisiana wie Oklahoma und findet seine Endstation südöstlich von Nebraska. Auch wenn er den Verdacht nahelegt, ist dieser Beschädigungsverlauf kein politisches Statement über die Spaltung Amerikas."

„Und Sie wurden …"

„Ersetzt. Durch einen aufklappbaren Globus-Bar-Wagen. Ja, Er hat richtig gehört, einen dieser pseudoantiken, ästhetikbefreiten sogenannten Vintagegloben aus poliertem Nussholz mit Lenkrollen und integrierter Minibar. Keine Sorge, ich finde sie auch abstoßend. Wie kann man nur einen Globus mit Whiskey, Gin und Eierlikör auffüllen? Und nein, der Herr Eckel möge auf die offensichtliche Pointe verzichten, dass Alkohol die Welt zusammenhält."

„Wieso? Vielleicht hat der Herr Geographie-Professor wirklich wegen Ihrer vielen Kartenfehler zu saufen begonnen."

„Ich hatte mit meiner Vermutung recht, Er kann die schlichte Pointe tatsächlich nicht umgehen."

„Darf ich Sie was fragen?"

„Aber das macht Er doch die ganze Zeit. Der Herr Eckel möge mich Löcher in den Pazifik fragen."

„Was halten Sie eigentlich von unserer Welt?"

„Ist diese Frage Sein Ernst?"

„*Ja.*"

Kurz schweigt Ferdinand.

„Sagen wir so, der Entwurf der Erde ist brillant, doch in der Art der Besiedlung, da scheint mir wenig Luft nach unten."

„*Hätten Sie Verbesserungsvorschläge?*"

„Ich dachte schon, Er würde nie fragen. Betrachten wir einmal die Ausgangssituation. Der Zufall der Geburt würfelt Menschen willkürlich zusammen. So entstehen in jedem Land die gleichen Konflikte. In über einhundertneunzig Staaten weltweit streiten Rechte mit Linken, Wissenschaftler mit Theologen, Sexisten mit Feministinnen, Jäger mit Tierschützern, Umweltschützer mit Vielfliegern. Ich darf Ihn bitten, diese Liste gedanklich zu vervollständigen."

„*Und?*"

„Da liegt doch die Lösung auf der Hand. Erinnert Er sich, was Karl Marx, der wirklich kein Bruder im Geiste ist, einst gesagt hat?"

„*Ja, natürlich! ,In seinem Sessel, behaglich dumm, sitzt schweigend das deutsche Publikum.'*"

„Nein! Doch nicht das."

„*Aber das stimmt.*"

„Ich meine: ,Proletarier aller Länder, vereinigt euch.' Und da füge ich hinzu: Ja, aber bitte vereinigt euch im selben Land."

Kurz schweigen wir beide.

„Ja, Er hat richtig gehört. Ich, ein Globus namens Ferdinand aus dem Jahr 1984, würde die Welt einer kompletten Neuordnung unterziehen."

„*Und wie?*"

„Ich würde Länder nach Gesinnung gründen. Alle Sozialisten, Kapitalisten, Faschisten, Exorzisten sollen jeweils ihr eigenes Land bekommen. Und jetzt fragt Er sich sicher, warum? Weil sie sich dort wohler fühlten. Am besten wäre es doch, wenn Menschen mit derselben inneren Grundeinstellung in geographisch abgeschlossenen Moralblasen lebten. Dort käme jedem Bürger seine eigene Meinung entgegen. Und wenn er unbedingt den Widerspruch suchte, stünde es ihm frei, ein Land weiter zu reisen. Als Auszeit vom Wohlbefinden. Eines lehrt die Geschichte, muss der Herr Eckel wissen, dass nämlich die anderen nur ein Problem sind, wenn sie anders sind. Unterschiede schaffen Konflikte. Das kennt Er doch sicher auch von seinen vergangenen Liebesbeziehungen. Noch nie haben sich zwei Menschen mit dem Argument getrennt: ‚Wir sind uns einfach zu ähnlich.'"

„*Ja, schon, aber ...*"

„Wo wir uns doch jetzt einig sind, sollten wir meine Theorie einmal praktisch durchdenken. Stelle Er sich vor, es gäbe ein Land ausschließlich für nostalgische Kleinbürger."

„*Spießer?*"

„Wenn Ihm dieser Ausdruck hilft. Die Bewohner dieses Staats würden sich ohne Streit sofort darauf einigen, dass die Landesverfassung auf drei Säulen beruht."

„*Hamma ned, woi ma ned, brauch ma ned.*"

„Nein. Leistung, Recht und Sicherheit. In diesem Land gibt es ein klares Landschaftsbild. Flächendeckend Schrebergärten und dazwischen Gartenmauern aus Thujen. In diesem Land werden sämtliche Ängste ernst genommen. Egal, ob die Gefahr der Zecken, Christbaumbrand oder Meteoriteneinschlag. Dagegen gibt es entweder eine Maßnahme oder zumindest eine Versicherung. In diesem Land wird permanent kontrolliert. Die Anzahl der Vorhangfalten, der Reifendruck vom Ersatzreifen und ob eine Festplatte sicher entfernt wurde. In diesem Land setzt sich niemand auf ein Sofa ohne Schonbezug, jeder sammelt Rabattmarken und in der Kirche betet man, dass die Grundstückspreise steigen. Und an dieser in sich schlüssigen Lebensart wird sich zum Wohle aller Bewohner auch in den nächsten fünfhundert Jahren nichts ändern."

„*Da kenn ich einen Fahrradhelm, der dort gern wohnen würde. Aber ...*"

„Warum unterbricht Er mich? Stelle Er sich vor, es gäbe ein Land ausschließlich für Vegetarier und daneben ein Land für alle

Fleischesser. Endlich kein Disput mehr über Tiertransporte, Mutterkuhhaltung und Methanausstoß. Jeder ernährt sich in seiner Welt. Ein eigenes Land für die sogenannten Hipster. Dort werden ausschließlich glutenfreies Bier, Bio-Marlboro und Freilandwodka verkauft. Oder ein Land für alle Meinungsforscher. Freilich müssten diese es sich mit ihren Branchenkollegen teilen: den Handlesern und Tarotkartenlegern. Ein Land nur für die Nichtraucher und daneben auch ein Land für die Raucher, eines für Optimisten, eines für Pessimisten, eines für Influencer und eines für Menschen, die arbeiten möchten. Und so kommt es zu einem Ende der jahrelangen zermürbenden Diskussionen."

„*Aber ...*"

„Ja, das ist ein berechtigter Einwand. Wenn Menschen physische Moralblasen bilden, haben Gruppierungen, die hauptsächlich das Feindbild zusammenschweißt, ein gewisses Problem. Der Herr Eckel stelle sich beispielsweise ein Land nur mit Rechtspopulisten vor. Die sitzen dann vereint um einen riesigen runden Stammtisch und schreien: ‚Ausländer raus! Ausländer raus!' Bis einem der Nationalisten auffällt: ‚Moment, bei uns gibt es gar keine.' Die Verzweiflung unter den Rechtspopulisten wäre groß. Irgendwann müsste ihnen doch dämmern, dass Ausländerfeindlichkeit nur mit Ausländern funktioniert. Nach einem halben Jahr der Unterfremdung würde selbst der vehementeste Nationalist fordern: ‚Öffnet die Grenzen, wir brauchen Flüchtlinge, wir schaffen das.' Weil ohne Reibebaum keine Identität. Jede Gruppe muss das Feindbild, das sie bekämpft, gleichzeitig füttern, denn wenn das Feindbild verhungert, löst die Gruppe sich auf. Er merkt, ich hatte in den letzten Jahren viel Zeit zum Nachdenken. Bedauerlicherweise. Dennoch, historisch betrachtet erscheint mir diese durch Kriege und Willkür gewachsene Ländereinteilung als gescheitert. In diesem Zusammenhang ist etymologisch bemerkenswert, dass nur ein einziger Buchstabe die Wörter ‚gescheitert' und ‚gescheiter' voneinander unterscheidet. In Anbetracht der menschlichen Lernkurve habe ich den Eindruck, dass die Differenz doch eine größere ist."

„Aber ich wüsste gar nicht, in welches Land ich ziehen würde."
„Vielleicht in das Land der Kleinkunst. Dort witzeln den ganzen Tag Tausende politische Kabarettisten mit ironischer Zunge über die Umstände des Landes, bis einer der politischen Kabarettisten plötzlich bemerkt: ‚Moment, liebe Freunde, wir sind die Umstände.'"

Ich drehe bei Ferdinand das Licht ab. Ich habe genug gehört. Bis vor wenigen Minuten habe ich immer gedacht, Gesprächigkeit sei eine positive Eigenschaft. Ist sie nicht. Ein Globus hat mir gerade den Spiegel vorgehalten. Trotzdem war unsere Verabschiedung unbefriedigend. Mir kommt eine Idee, die ich schon vor Jahren umsetzen wollte. Ich stelle sämtliche Holzkisten, die ich im Abteil finde, übereinander. Ich betrachte meine mindestens eineinhalb Meter hohe Kisteninstallation. Den am Boden befindlichen Ferdinand schiebe ich ganz ins Eck und betätige seinen Lichtschalter.

„Wenn Sie nur ein Wort sagen, schalte ich Sie sofort wieder aus. Folgende Regeln: Ein Mal Flackern bedeutet Ja. Zwei Mal Flackern Nein. Verstanden?"

Ferdinand flackert ein Mal.

„Gut."

Ich drehe im Abteil das Licht ab. Nur noch Ferdinand leuchtet. Ich gehe zu den Kisten und steige vorsichtig empor. Auf die oberste Kiste setze ich mich und betrachte Ferdinand.

„Wissen Sie, wie ich mich gerade fühle?"

Ferdinand flackert zwei Mal.

„Wie ein Astronaut. Von der Ferne blicke ich auf die Welt."

Wortlos verstreichen die nächsten Minuten. Ein alter leuchtender Globus und ich in einem Selfstorage-Abteil. Bis zu diesem Augenblick war ich mir nie sicher, was Romantik eigentlich ist. Jetzt weiß ich es.

„Vermissen Sie Ihre Stimme?"

Ferdinand flackert zwei Mal.

Mit dem Blick auf die Welt denke ich nach.

„Ferdinand, wer ist der Fremde in Abteil 6011?"

Ferdinand reagiert nicht. Meine mit ihm getroffene Vereinbarung zeigt Schwächen bei offenen Fragen.

„Kennen Sie den Fremden?"

Ferdinand flackert ein Mal.

„Ist er ein Verbrecher?"

Ferdinand flackert erneut ein Mal.

„Ein Mörder?"

Ferdinand reagiert nicht.

„Okay, ich erlaube Ihnen, kurz zu antworten."

„Das mit dem Gewaltverbrecher ist mir tatsächlich nicht bekannt. Nur irgendetwas – wie sagt man umgangssprachlich? – stinkt."

„Die Leiche?"

„Welche Leiche?"

Ich denke nach.

„Übrigens, hat Er gewusst, dass die Erde in Wahrheit nicht gleichmäßig rund ist, sondern ihre Form eher der einer Kartoffel gleicht? Man vermutet, aufgrund von uns Globen kam es zu einer ästhetischen Anpassung. Weil, welcher Mensch stellt sich schon eine leuchtende Knollenfrucht auf den Schreibtisch? Und hat Er gewusst, dass in den kommenden zwei Jahrzehnten der Meeresspiegel um 1,2 Meter ansteigen wird? Das ist auch der Grund, weshalb die Möglichkeit besteht, bei neuen Globen die Malediven und Holland nachträglich auszuradieren. Und hat Er gewusst, dass …"

Ich steige die Kisten hinab und schalte Ferdinand aus. Das interessiert mich alles nicht. Ich denke an den Fremden aus Abteil 6011. Warum verstecke ich mich vor ihm? Mein Verhalten ist exakt das Gegenteil dessen, was meine Jobbeschreibung vorsieht. Wenn mich Kurt nach Leistung bezahlt, bin ich nach dieser Nacht pleite. Ich muss mich meiner Verantwortung stellen. Ich gehe zur Tür und sperre sie möglichst lautlos auf. Im Gang ist es ruhig, und die Neonröhren leuchten den Weg nach wie vor gleichmäßig aus. Ich bewege mich sanften Schrittes den Gang entlang. Als ich an Abteil 6011 vorbeikomme, höre ich erneut das Schnarchen. Ich halte inne. Der darf hier nicht schlafen. Ich werde ihn zur Rede stellen. Ich bin hier der Chef. Das wäre doch gelacht, wenn ich vor einem illegalen Storage-Besetzer einknicke. Ich stecke den Schlüssel ins Abteil und öffne die Tür.

ROBERTO

Eine Stimme sagt:

„I zeig di an."

Dann höre ich wieder das Schnarchen.

„Wie?"

„I zeig di an."

Und wieder ertönt das Schnarchen.

„Wer spricht da?"

„Roberto. Dea wos di aufgfangan hat."

„Der ... Rollkoffer?"

Ich blicke hinunter und erkenne den kleinen schwarzen Plastik-rollkoffer, auf den ich gefallen bin.

„Wegen dia hab i a Murdstrum Delle."

„Das tut mir leid."

„So, und jetzt mach Meter, sonst brüll i wia a eurasischer Luchs, wannsd eam am Schwanz steigst."

„Aber Moment, der eurasische Luchs hat überhaupt keinen Schwanz."

„Wüßtas überprüfen?"

„Aber dann weckst du ja den Mann!"

„Genau des wü i. Der Hubert wird dia a Watschn geben, dasd glaubst, du stehst in der Mittn von da Pummerin."

„Aber dieser Hubert darf doch gar nicht hier sein."

„Sags eam persönlich, wannsd di traust."

Mir wird mulmig.

„Könntest du vielleicht ein bisschen leiser sprechen?"

„Ganz im Gegenteil. I zähl jetzt von zehn runter und dann schrei i den Hubert wach."

„Bitte ..."

„Zehn."

„... reden ..."

„Neun."

„... wir ..."

„Acht."

„... *doch* ...“

„Sieben.“

„... *ohne* ...“

„Sechs.“

„ ... *Countdown.* “

„Fünf.“

Vor der nächsten Zahl beuge ich mich zu Roberto und umklammere ihn.

„Vier.“

Ich hebe Roberto hoch und trage ihn aus dem Abteil.

„Drei.“

Mit dem Generalschlüssel sperre ich zu.

„Zwei.“

Ich renne, so schnell ich kann, in Richtung Büro.

„Eins.“

Kurz bevor ich das Ende des Ganges erreiche, ertönt ein Schrei.

„Hubeeeeeeeeeeeeeeeeeeeeeeeeeert!“

Ich lauf weiter. Roberto halte ich eingeklemmt zwischen
Armbeuge und Brustkorb.

„Huuuuuuuuuuuuubeeeeeeeeeeeeeeeeert!“

Da sich der Rollkoffer ganz in der Nähe meines rechten Ohres
befindet, wird sein Geschrei mit jedem Schritt unerträgli-
cher. In dieser Stresssituation blitzt in meinem Gehirn eine
geniale Idee auf: Ich kann den Rollkoffer rollen! Ich ziehe
den Griff heraus und stelle ihn ab. Roberto verstummt. Vielleicht habe ich ihn damit überrascht. Ich rolle ihn hinter mir
her, bis ich im Büro ankomme. Dort schmeiße ich die Türe zu
und lasse mich in den Bürosessel fallen.

„*Geschafft!*“

Ich drehe Roberto mit der Längsseite zu mir.

„Versteh, du bist also a Kidnapper.“

„*Wie bitte?*“

„Wos san deine Forderungen? Lösegeld, Strafmilderung, Flucht-
hubschrauber?“

„*Nichts davon!*“

194

„Warum hast mi dann entführt?“

„Damit du den Hubert nicht weckst!“

„Du hast des no immer ned kapiert, oda?“

„Was?“

„Du bist da Anzige, der mi hean kann.“

Mir wird sofort klar, dass Roberto recht hat.

„Das heißt, die ganze Hektik jetzt hätt ich mir sparen können?“

„Bingo.“

Ich schnaufe kurz durch. Danach drehe ich Roberto im Kreis.

„Ich sehe nirgends eine Delle.“

„Wie sagt der kleine Prinz? ,Das Wesentliche ist für das Auge unsichtbar.‘“

„Roberto, wer, verdammt noch einmal, ist dieser Hubert? Ein Mörder?“

„Da Hubert? Ned, dass ich wüsst. Obwohl, er is oft mit Verbrechern am selben Tisch gsessn.“

„Wieso? Was hat er gemacht?“

„Casino-Croupier.“

„Hier im Storage?“

„Na servas. Du bist anscheinend genauso gscheit wia a Sackerl mit Fahrradklingeln.“

„Jetzt pass einmal auf!“

„Natürlich im Casino. Auf der Kärntner Straße.“

„Was macht er dann hier im Storage?“

„Was glaubst? Mischen, würfeln oder Kugeln polieren?“

„Wie?“

„Rausgschmissn hams den Hubert.“

„Aber warum schläft er dann nicht zu Hause?“

„Weil er kans hat. Also kans, in des er um die Uhrzeit gehn kunntat.“

„Warum?“

„Der Hubert leidet an Kaikosaratakie.“

„Das klingt wie eine logopädische Störung.“

„Is aber a psychische Krankheit. Kommt aus Japan. Betrifft vorwiegend Männer, die den Job verlieren, aber sich schämen, es zu Hause zuzugeben.“

„*Und deswegen schläft er hier? Um Arbeit vorzutäuschen?*"

„So ist es. Frauen simulieren Orgasmen, Männer simulieren Erfolg."

„*Aber das wird doch irgendwann auffliegen.*"

„Er baut sich eh grad was Neues auf."

„*Und was?*"

„A internationales Start-up mit therapeutischen Heilmitteln."

„*Verstehe. Da muss er sicher viel reisen.*"

„Des wird eh höchste Zeit."

„*Wieso?*"

„Weil diese Pandemie ist eine staatlich verordnete Rollkoffer-Vernichtung."

„*Das verstehe ich nicht.*"

„Na, wos is von an Rollkoffer der einzige Daseinszweck?"

„*Reisen.*"

„Und wos wird grad vom Staat verboten?"

„*Reisen.*"

„Na bitte, wennsd so weitermochst, kannst bald dei erstes Sudoku lösen."

„*Ich hoffe, du brüllst jetzt nicht wieder, aber die Abwesenheit von Rollkoffern ist eine der schönen Seiten der Seuche.*"

„Wieso?"

„*Mein Verlustschmerz gegenüber chinesischen Rollkofferarmeen, die im Gleichschritt über den Graben klappern, hält sich in Grenzen.*"

„Erzähl des einmal den Chefs vom Sacher, Bristol und Imperial. Es gibt nämlich im Fremdenverkehr an akustischen Zusammenhang. Nur das Rumpeln von Rollkoffern führt zum Klingeln in Kassen."

„*Mag sein. Aber für den ruhesuchenden Einheimischen ist der Rollkoffer der Laubbläser des Städtetouristen. Ich wäre zumindest für ein Nachtrollverbot.*"

„Jetzt pass amal auf, mia is scho klar, dass wir aufgrund unserer Lautstärke in der Öffentlichkeit a Imageproblem haben. Aber was is die Botschaft, die des Klappern von meine Räder zum Ausdruck bringt?"

„*Ja was?*"

„Der moderne Mensch ist zu schwach, um sein Gepäck selber zu tragen. Deswegen zaht ers hinter si her."

„*Willst du jetzt wirklich jeder Frau vorwerfen, dass sie von Natur aus muskulär sparsamer ausgestattet ist?*"

„Na, die san selber schuld."

„*Wie bitte?*"

„Es gibt unter uns Trolleys ein ungeschriebenes Gesetz. Je klaner die Frau, desto größer der Koffer."

„*Gut, das mag sein. Das Gepäckbedürfnis verläuft bei uns Menschen oft umgekehrt proportional zur Körpermasse, aber was ist daran schlimm?*"

„Nix is schlimm. Aber i war scho amal Augenzeuge, wie so a junges Pupperl beim Bergabgehen vom eigenen Rollkoffer überrollt wordn is."

„*Und was wäre deiner Meinung nach die Lösung?*"

„Vielleicht a Rollkofferführerschein?"

Ich denke nach.

„*Wenn ich dir so zuhöre, stellt sich für mich eine philosophische Frage: Zieht eigentlich der Mensch oder schubst ihn sein Trolley?*"

„Du manst, der Rollkoffer ist die Kutsche und der Mensch des vorgspannte Pferd?"

„*Also rein optisch stimmt der Vergleich.*"

„Wir Rollkoffer san vü flexibler. Kennst du a Kutsche, de wos si in des Klappfach von ana Chartermaschine schmiegt? Eben. Aber es stimmt scho, die Menschen san nur noch die Vasallen ihrer Dinge."

„*Also so schlimm ist es auch wieder nicht.*"

„Ah so? Ich wette, auch dei Auto kriegt des beste Motoröl, dei Handy kriegt die beste Schutzhülle und dei Griller kriegt die teuerste Abdeckhaube. Nur dei Sohn, der kriegt die alte Winterjacke vom Bruder."

„*Das stimmt doch nicht! Erstens hat mein Sohn eine Schwester. Und zweitens soll die von ihr geerbte blassrosa Winterjacke ein Zeichen gegen seine toxische Männlichkeit setzen.*"

ROBERTO   197

„Und des versteht er?“

„Nein, aber meine Frau glaubt, in zwanzig Jahren wird er uns dankbar sein.“

„Nach dem Trauma mit der rosa Winterjacke wird er euch in zwanzig Jahren nimma kennen.“

„Woher weißt du überhaupt, dass ich einen Sohn habe?“

„Wurscht. Ihr seids ganz deppad nach eurem Besitz. Soll i dia a super Gschicht erzähln?“

„Wenn ich Nein sage, erzählst du sie vermutlich trotzdem.“

„Pass auf, i bin amal in ana U-Bahn mit dem Hubert gstanden. Um uns unzählige Touristen. Der Fahrer hat abrupt bremst und ungefähr zwanzig Rollkoffer san durch die Waggons in Richtung Fahrerkabine gfetzt. Verfolgt ham uns unsere zwanzig hysterischen Besitzer. Die san gstolpert, ham gschrien, san am Boden glegen. Wir Trolleys ham so a Gaude ghabt.“

„Wieso?“

„Also, wenn a Koffer mit an andern Koffer Fangerl spüt, des is scho witzig.“

„Und was war danach?“

„I hob zwa Tag lang an neuen Besitzer ghabt. Mia schaun uns halt doch alle sehr ähnlich. Vor allem die klanen, schwarzen, feschen. So wia i.“

„Als Rollkoffer erlebt man sicher viel.“

„I hob mit dem Hubert und seiner Frau sicher schon die halbe Welt gsehn.“

„Und was hat dir besonders gut gefallen?“

„Ich staune immer wieder, was für an Bledsinn sich Menschen in ihrer Freizeit anschauen.“

„Wie meinst du das?“

„Zum Beispiel Berlin, dort ist nix fertig. Da tingelst von Baustelle zu Baustelle. Des is nur a schöne Stadt, wannsd Kräne mogst. Oder Venedig. Warum fahrt man nach Venedig? Des besteht aus Fischgeruch, Taubendreck, und am Markusplatz kriegst an Cappuccino zum Preis von ana Kaffeeplantage. Mumbai, Dubai, Hurghada ... Im Vergleich zu die drei ist Hollabrunn des Florenz vom Weinviertel.“

„Und du warst immer dabei?"

„Kloa! Den meisten Touristen kannst mittlerweile ihren Rollkoffer an die Hand nahn. Die lassn uns nimma los. Es gibt sogar Pilger, die ziehn uns über den Jakobsweg, und am Mount Everest planen sie für den Massentourismus jetzt a eigene Trolley-Route."

„Mit dem Rollkoffer aufs Dach der Welt? Das hat aber mit Alpinismus à la Edmund Hillary nur mehr ganz wenig zu tun."

„Wieso ned? Der Bergsteiger der Zukunft setzt si am Gipfelkreuz auf sein Trolley und fetzt runter ins Basislager."

Roberto lacht.

„Du, eine ganz andere Frage. Wie lange lebt dieser Hubert schon hier?"

„Drei Wochen."

„Aber er weiß schon, dass das verboten ist?"

„Du kannst das gerne auf seine Liste schreiben."

„Auf welche Liste?"

„Die mit seinen Vorstrafen."

„Er hat Vorstrafen?"

„Sag ma so, a zünftige Schlägerei lasst da Hubert nur aus, wann es si ned anders vermeiden lasst."

„Wirklich?"

„Weck ihn, und der Beweis wird folgen."

Das Gespräch macht mich auf einmal nervös. Ich drehe Roberto zu mir und suche den Zipp.

„Stopp! Wos mochst du?"

„Bei diesem Start-up-Unternehmen vom Hubert habe ich Bedenken. Ich möchte nachschauen, was in dir drinnen ist."

„Des kannst gern machn, aber danach muss i di leider umbringen."

Nach Robertos letztem Satz stockt mir der Atem. Für einen Augenblick wird es im Büro unheimlich still. Ich schiebe Roberto ein Stück weg von mir.

„Roberto, was ist in dir drinnen?"

„Das hab i dir scho gsagt: Huberts zweites Standbein."

„Das mit den therapeutischen Heilmitteln?"

„Ja – bei weiter Begriffsauslegung."

„In dir sind also Drogen drinnen. Was? Kokain, Crystal Meth, Amphetamine?"

„Betriebsgeheimnis."

„So, mir reicht's, ich schau nach."

Ich rolle Roberto wieder zu mir und suche den Zipp.

„Bevor du des machst, dadat i dei spanische Frau und deine beiden Kinder anrufen."

„Wieso?"

„Um mi zu verabschieden."

Ich halte inne.

„Woher weißt du, dass meine Frau aus Spanien stammt?"

„Eine Telefonzelle gibt es übrigens auf der Straße gegenüber. Zwischen Eisenhandlung und Hutmacher."

„Wieso brauche ich ...?"

„Weil deine beiden Handys ned funktionieren."

Ich greife in die Hosentasche, ziehe beide Smartphones heraus. Sie lassen sich nach wie vor nicht einschalten.

„Woher weißt du das schon wieder?"

Mir wird leicht übel.

„So, Herr Nachtwächter, Vorschlag in Güte. Du rollst mi jetzt afoch wieda zruck ins Abteil. Du sagst nix der Polizei und i sag nix dem Hubert."

„Aber der versteht dich doch gar nicht."

„Ich finde einen Weg."

„Hat der Kurt damit zu tun?"

„Klaus, kümmer di ned um die größeren Zusammenhänge, sondern mach afoch dein Job."

„Ja, aber als Nachtsecurity müsste ich dich inspizieren."

„Dann mach dein Job, aber mach ihn schlecht."

Mit dem Schieber vom Kofferzipp in der leicht zittrigen Hand denke ich nach. Meine Hände schwitzen.

„Und? Suchst du jetzt in dia den Bruce Willis?"

Ich lass den Zipp los und lehne mich zurück.

„Fein, i merk, du hast den Dalai Lama in dir gfundn. Wir wollen do beide Harmonie. Bring mi afoch zruck zu meim Herrli und guat is."

Ich schnaufe.

„Aber pass auf, Klaus, i tua dia an Gfalln."

„*Welchen?*"

„Du suchst do hier im Storage a Leiche."

„*Woher weißt du das?*"

„Wurscht. I kann dia diesbezüglich an haßn Tipp gebm. Du musst mi nur vorher zum Hubert bringan."

Ich schaue den Rollkoffer an. Er wirkt trotz seiner harten schwarzen Plastikschale zerbrechlich. Vielleicht liegt es auch an seiner Größe, seiner Unauffälligkeit, die nichts Kriminelles vermuten lässt.

„I waß eh, wos du denkst."

„*Und was?*"

„Dass meine Größe und meine Unauffälligkeit nix Kriminelles vermuten lassen."

„*Leider irrst du dich da.*"

Ich stehe auf, ziehe bei Roberto den Griff heraus und öffne die Bürotür, um mit dem Rollkoffer in Richtung des Abteils zu gehen, in dem ich ihn gefunden habe. Roberto versucht, das Gespräch am Laufen zu halten.

„Waßt, Klaus, wir Gepäckstücke werden inhaltlich oft unter-schätzt. Was die Zöllner am Flughafen schon alles in Rollkoffern gfundn ham: Amphoren, Samuraischwerter, Giraffenkacke. Letztes Jahr hat a Landwirt aus der Oststeiermark im Handge-päck a Babyschlange versteckt, nur um von den gschmuggelten Zigaretten abzulenken."

Ich antworte nicht und gehe weiter.

„Hast des im Radio gehört? In Mexiko hat vor zwa Wochn a Frau ihren Ehemann aus dem Gefängnis schmuggeln wollen. In an riesigen Rollkoffer. Den hams aber beim Ausgang erwischt, weil er während der Fahrt ständig keppelt hat. Angeblich über ihre Fahrweise. Man kann sagen, der Mexikaner war a Vollkoffer im Rollkoffer."

Roberto amüsiert sich prächtig. Ich reagiere nicht. Vor dem Abteil 6011 bleiben wir stehen. Ganz vorsichtig öffne ich die Tür und bemerke eine deutliche Veränderung. Das Schnarchgeräusch ist verstummt. Ich ziehe die Taschenlampe aus meiner Jacke und der Lichtkegel richtet sich zaghaft in Richtung des Betts. Es ist leer.

„Verdammt, der Hubert ist weg.“

„Der wird unten am Häusel sein.“

„Aber dann kommt er ja gleich.“

„Wannsd a Glück host, raucht er no ane.“

Ich schiebe Roberto auf den ursprünglichen Platz und knie mich zu ihm.

„Und jetzt, Roberto, sag, wo ist die Leiche?“

„I waß jetzt ned genau, wo sie is, aber i waß, wers wissen könnt.“

„Und wer?“

„Die zwa wirst du no ned kennan. Sie haßen Max und Mary.“

Ich senke meinen Kopf.

„Abteil 2013.“

„Woher waßt du des?“

„Na gut, Roberto, ich bin dahin.“

„Willsd mi ned noch öffnen?“

„Wie?“

„Schau nach, was in mir steckt.“

„Aber du hast doch ...“

„Schau nach.“

„Und du bringst mich dabei sicher nicht um?“

„I bin do ka Kofferbombe. Aber du bist danach ein Eingeweihter.“

Ich öffne den Koffer und leuchte mit meiner Taschenlampe die Innenfächer aus. Der Koffer ist voll mit Flaschen in unterschiedlichen Größen.

„Ist das Liquid Ecstasy?“

„Des ist PlantaPet.“

„Was ist PlantaPet?“

„Das sind CBD-Tropfen für angespannte Haustiere.“

„Wie?“

„A pflanzliches Beruhigungsmittel. Des mischt dem hyperaktiven Border Collie so lange ins Futter, bis er anfangt zu meditieren."

„Ist das legal?"

„Na sicher, die kriegst sogar beim Fressnapf. Und in Amerika is des mittlerweile a Bombengschäft."

„Und der Hubert?"

„Der baut die Marke jetzt in Österreich auf."

Ich schließe Roberto und zieh wieder am Zipp.

„Du hast mich also vera..."

„Stopp! Sag einfach: ‚Roberto, danke für den Nervenkitzel.'"

„Ich werde jetzt gehen."

„Besser so, weil bei ana Sach hob i ned glogen."

„Wobei?"

„Dass der Hubert gern raufen tuat."

Der letzte Satz bringt mich zum Laufen. Auf Zehenspitzen. Dieser Hubert soll mich nicht hören. Als ich außer Sichtweite bin, verlangsamen sich meine Schritte. Ich gehe in die Knie und atme tief durch. Die Aufregung paart sich gerade mit der Müdigkeit. Mein Gehirnfunk schickt mir etliche Gedanken, die mir eine Rückkehr ins Büro schmackhaft machen wollen. Ich möge das mit dem Hobbydetektiv endlich sein lassen und mich meiner Kernkompetenz widmen. Zeit absitzen. Einfach am Bürocomputer mit dem Maus-Curser die Fliege, die sich auf das Bildschirmglas setzt, fangen oder die Leertaste so lange drücken, bis das Textverarbeitungsprogramm abstürzt. Diese Zeit stoppen und danach versuchen, eine neue Systemcrash-Bestzeit hinzulegen. Tätigkeiten, die ich damals in den Jahren bei der Spedition perfektioniert habe. Doch leider meldet sich in mir erneut eine Eigenschaft, die alle anderen in die Ecke meines Charakters drängt. Meine unstillbare Neugierde. Ich vermute, diese ist genetisch bedingt und auf meine nordburgenländischen Wurzeln zurückzuführen. Dort haben sich meine in Kopftücher gehüllten katholischen Tanten tagelang aus dem Fenster gelehnt und innerlich alles notiert. Selbst im Dezember, wenn durch dieses Ritual die Gefahr einer Lungenentzündung gedroht hat, war ihr Drang, alles wissen zu wollen, unzähmbar. Deshalb tragen bis heute meine Tanten den bezeichnenden Spitznamen „Breitenbrunner Fensterbrettstasi". Inzwischen stehe ich vor Abteil 2013. Ich höre die mir wohlbekannten Stimmen in wohlbekannter Laune.

MAX UND MARY IV

„Schrumpfhirn!"

„Teilzeitdenkerin!"

Ich reiße die Tür auf und stürme hinein.

„Mir reicht's! Die Gesellschaft kann auf euch beide gut ver-zichten!"

Max und Mary: „Wie bitte?"

„Menschen wollen im Garten dem Rauschen der Blätter und dem Zwitschern der Zeisige lauschen. Doch was hört man ab April! Hochdruckreiniger, Häcksler, Rasenmäher, und in den wenigen stillen Momenten dazwischen meldet sich ein hundert Dezibel lauter Laubterminator!"

Max: „Ich habe nur 95,4 Dezibel!"

„Wo kann ich in meinem kleinen Garten endlich Ruhe finden?"

Max: „Ahm, sperren Sie sich doch einfach in die Gartenhütte. Es gibt jetzt ganz moderne, mit Schallschutzfenstern."

Mary: „Herr Eckel, es ist so unfair. Immer müssen wir Gartengeräte beim Thema akustische Verschmutzung stellvertretend herhalten. Smartphones, Kaffeemaschinen, Windräder, sie alle machen Lärm. Nur, in uns hat man jetzt die Schuldigen gefunden. Und wissen Sie, warum? Weil viele von unseren Kritikern sich keinen Garten leisten können. Das ist eine reine Neiddebatte. Diese ganzen Themen Vermögenssteuer, SUV-Bashing, Laubsaugerverbot kommen alle aus derselben politischen Ecke."

„Meinen Sie das ernst?"

Mary: „Nein, aber es hört sich gut an. Man muss nicht immer alles glauben, was man sagt."

„Auf alle Fälle hat es auch vor eurer Erfindung einen gepflegten Garten gegeben. In meiner Jugend nannte man den Laubbläser noch Rechen."

Mary: „Ja klar, der Mensch könnte auch seine WhatsApp-Nachrichten wieder auf einen Zettel schreiben und einer Brieftaube in den Schnabel stecken."

Max: „Achtung, Mary ist gerade ironisch."

„Lassen wir das. Ich brauche eure Hilfe."
Mary: „Darf ich Ihnen einmal mitteilen, dass Ihnen ein wenig das Gespür dafür fehlt, wie man eine unterstützungsfreundliche Atmosphäre kreiert."
Max: „Genau! Bevor wir helfen, sagen Sie einmal sorry."
„Wofür?"
Max: „Für alles."
„Sorry für alles."
Mary: „Und jetzt noch eine Bedingung."
„Was für eine Bedingung?"
Mary: „Die beiden Rumänen."
Max: „Petre und Havel."
Mary: „Petre und Pavel werden uns in wenigen Stunden auf einer Mülldeponie entsorgen."
Max: „Können Sie uns davor bewahren?"
„Aber wie soll ich das machen?"
Mary: „Vielleicht, indem Sie uns mit nach Hause nehmen?"
„Aber ... aber ... wie soll ich das meiner Frau erklären?"
Mary: „Sagen Sie ihr einfach, dass Sie erleuchtet wurden."
Max: „Genau. Von den beiden Göttern der Laubbeseitigung."
Ich denke nach.
„Zuerst eine andere Frage: Hier im Storage gibt es eine Leiche."
Max: „Das weiß ja wirklich jeder."
Mary: „Und jetzt sogar er."
„Und wo?"
Mary: „Nehmen Sie uns bei sich zu Hause auf?"
Ich blicke auf den Boden.
„Ja."
Max: „Versprochen?"
„Ja!"
Mary: „Die Leiche befindet sich im Abteil 8027."
„Wer ist das Opfer?"
Mary: „Er heißt Hans-Dieter."
„Ein Deutscher?"
Max: „Nein, ich glaube aus Guatemala."

Marx: „Nein, Ecuador."
Max: „Guatemala."
Mary: „Egal, er wurde vor drei Wochen hier eingelagert."
„Was wisst ihr noch?"
Mary: „Nichts."
*„Aber in dem Abteil, wo er liegt, muss es mittlerweile unglaub-
lich stinken."*
Max: „Vermutlich."
Ich blicke auf meine Uhr. 04:49 Uhr.
„Gut, ich muss mich beeilen."
Mary: „Aber noch nicht nach Hause!"
Max: „Weil da begleiten Sie zwei neue Freunde."
„Ja, ja. Ich komme kurz vor Dienstende."
Max: „Jawohl!"

Ich schließe die Türe und höre einträchtigen Jubel. Das Abteil mit der Leiche befindet sich im ersten Stock. In Anbetracht meiner Lateinkenntnisse verwende ich erneut die Nottreppe. Was mache ich, wenn ich den Toten gefunden habe?
Ganz klar: die Polizei verständigen. Für Kurt ist das sicher
ein Grund für eine fristlose Entlassung. Ein Mitarbeiter, der
mit der Exekutive kooperiert, beweist geschäftsschädigendes
Verhalten.

Das muss mir egal sein. Auf Kurts Zuspruch kann ich verzichten, auf die mediale Aufmerksamkeit schon viel weniger.
In den vergangenen Monaten hat es weder Zeitungsinter-
views noch Fernsehsendungen mit mir gegeben. Die Pandemie hat meine öffentliche Präsenz auf Null gesetzt. Ein spek-
takulärer Leichenfund würde mir zumindest ein Gespräch
bei oe24 verschaffen. Mit Fortlauf der Krise fallen meine
Hemmungen.

Mittlerweile stehe ich vor dem Abteil 8024 und überlege,
wie viele Türen ich in den vergangenen Stunden bereits ge-

öffnet habe. Ich komme auf die Zahl vierundzwanzig. Das Storage wurde heute Nacht zu einem begehbaren Adventkalender. Ich schließe das Abteil auf und strecke als Vorhut meine Nase in den Raum. Kein Leichengeruch. Beim Betreten geht das Licht der Neonröhre an. Ich staune. Der Anblick entspricht dem Gegenteil dessen, was ich mir erwartet habe. Das Abteil ist leer. Nicht einmal die üblichen Regale stehen an den Seiten. Ein einziger Gegenstand befindet sich in der Mitte des Raumes am Boden. Eine violette Flügelmappe. Ich beuge mich hinunter. Der in Druckbuchstaben geschriebene Titel darauf weckt sofort mein Interesse: „Dinge, die man noch erfinden muss".

Ich öffne die Mappe. In ihr befinden sich etliche handgezeichnete Skizzen von Erfindungen. Neben jedem Gegenstand steht eine kurze Beschreibung. Ich schmökere durch die Blätter:

MemoryPillow – ein Kopfpolster, der Träume speichert.
Sonne-to-go – eine Drohne mit integrierter Minisonne. Schwebt in dunklen Wintermonaten über dem Kopf und spendet Licht und Wärme.
CoupleStorage – ein Einmachglas, welches das Gefühl der Verliebtheit konserviert.
Smartdom – ein intelligentes Präservativ, das Spermien unter einem IQ von neunzig nicht durchlässt.

Ich blättere weiter. Einige der gezeichneten Gegenstände sind selbsterklärend. Ein CO_2-Sauger, ein Eiskratzer für Menschen, eine Suchmaschine für verlorene Gedanken und ein 3-D-Drucker für Geduldsfäden. Obwohl mich die abgebildeten Ideen faszinieren, wird meine Konzentration ständig von einem Gedanken gestört: Wo ist hier eine Leiche? Ich lege die Mappe zurück auf den Boden, verlasse den Raum und kontrolliere die Nummer des Abteils. 8029. Das ist die falsche Tür! 8027. Dort ist die Leiche. Ich schließe ab und öffne vorsichtig den Raum daneben.

Erneut kein Leichengeruch. Dafür erinnert der Anblick dieses Abteils an eine Sperrmülldeponie. Verstaubte Plüschsessel, morsche Holztische, abgebrochene Besen, eingeschlagene Lampen, alles wild aufeinandergestapelt. Wenn es stimmt, dass Ordnung das halbe Leben ist, dann dürfte die andere Hälfte hier lagern. Ausgedehnte Spinnweben schaffen zwischen den einzelnen Gegenständen eine Verbindung. So stell ich mir das Internet der Dinge vor. Direkt vor mir krabbelt ein Weberknecht, der jedoch bei meinem Anblick sofort unter einer Plastikplane verschwindet. Das matte Licht ist der verschmutzten Neonröhre geschuldet und verleiht dem Raum eine gespenstische Atmosphäre. Ich schiebe zwei mittelgroße Eisenkisten zur Seite und zwänge mich durch den Spalt. Beim Anblick der weiteren Gegenstände wächst meine Verwunderung. Ein Trampolin, eine Popcornmaschine und eine Peitsche. Auf der rechten Seite steht ein von der bröckelnden Mauer gestütztes, mangelhaft verschraubtes Regal, dessen Inhalt am ehesten die Bezeichnung Krimskrams verdient.
„Hallo?"
Ich höre ein Husten.
„Hallo?"
Wieder Husten. Die Geräusche kommen direkt aus dem Regal.

Ich schiebe zwei Fackeln und einige aufeinandergestapelte Faschingshütchen zur Seite und finde ein grüngraues Tongefäß. Ebenfalls völlig verstaubt. Ich hebe es hoch und wische mit Zeige- und Mittelfinger über die verschmutzte Gravur. Ein Kreuz kommt zum Vorschein.

JOY

„Hör auf, das kitzelt.“

„*Wie?*“

„Na, dieses Wischen ist ja volle Wolle.“

Ich höre auf.

„Danke, Anke.“

„*Ich heiße Klaus.*“

„Und ich Joy. Kannst mich aber gerne Joy nennen.“

Der Deckel von Joy vibriert.

„*Was war das?*“

„Klappert der Deckel, dann lacht die Urne.“

„*Du bist eine Urne?*“

„Türlich, Frau Führlich. Manche nennen mich aber auch eine umgekehrte Mikrowelle.“

„*Wieso?*“

„In mich stellt man Warmes rein und ich mach es kalt.“

Der Deckel klappert.

„*Das heißt, in dir ist eine Leiche?*“

„Klar, was hast du gedacht: Erdnussflocken?“

„*Aber wer steckt in dir?*“

„Das möchtest du nicht wissen, Schatzi.“

„*Doch!*“

„Dann schau rein, Sonnenschein.“

„*Wie?*“

„Open me, Baby.“

„*Nein, das wäre pietätlos.*“

„Also eines kann ich dir versprechen: Der Tote kann damit leben.“

Wieder klappert der Deckel von Joy.

„*Aber was gibt es in dir zu sehen, außer Asche?*“

„Hinweise!“

„*Wie?*“

„Lass deine Hände in mich gleiten. Lass deine Finger in mir kreisen.“

„*Du bist ganz schön anzüglich.*"

„Ist es einer Urne verboten, sexuell aktiv zu sein?"

„*Ja.*"

„Wieso? Das Sterben ist der Bruder des Beischlafs."

„*Versteh ich nicht.*"

„La petite mort. Der kleine Tod. Kennst du nicht die Leere nach dem Höhepunkt?"

„*Also …*"

„Die entsteht, weil ein Teil von dir gegangen ist. Dem Orgasmus folgt das Schnuppersterben. Die letzten Worte vor dem Höhepunkt verraten das sogar."

„*Wie?*"

„Na, dieses ‚Ich komme, ich komme'. Das bezieht sich in Wahrheit aufs Jenseits."

„*Also so hab ich mir das noch nie überlegt.*"

„Doch so sieht's aus im Schneckenhaus."

„*Kannst du auch einmal den Versuch wagen, kalauerfrei zu antworten?*"

„Gut. Ende aus, Mickey Mouse."

„*Das nervt!*"

„In mir wohnt halt die Lebensfreude."

Der Deckel klappert heftig.

„*Du beherbergst den Tod, ist das nicht ein wenig zynisch?*"

„Wie hat mein alter Kumpel, der Camus Bertl, gesagt? Nur die Endlichkeit verleiht Bedeutung."

„*Also mir wäre ewiges Leben lieber.*"

„Wieso?"

„*Weil … weil erstens könnte ich sämtliche Punkte auf meiner To-do-Liste ohne schlechtes Gewissen weiter aufschieben: Keller ausräumen, Fremdsprache lernen, Halbmarathon laufen, Klavierspiel verbes…*"

„Und zweitens?"

„*Bricht dann endlich die Gesundheitsindustrie zusammen. Zur Feier dieses Tages würde ich zwanzig Gauloises filterlos mit Grammelschmalz einschmieren, in GlenDronach Single*"

Malt tunken und schließlich im Mund gleichzeitig anzünden.
Und den Rauch, den würde ich dann dem Gesundheitsminister
ins Gesicht blasen. Das wäre das Ende der Vorsorgediktatur."
„Ja, bist du moped! In dir kocht die Wut. Du musst einfach die
Gelassenheit von Keith Richards in dir finden."
„Warum?"
„Der hat einmal gesagt: ‚Bei sämtlichen Ärzten, die meinem Leben
nur noch ein Jahr gegeben haben, bin ich beim Begräbnis in der
ersten Reihe gestanden.'"
„Recht hat er. Wir wollen alle nicht mehr müssen müssen."
„Von dieser Last befreit dich der Tod."
„Das ist aber schon der einzige Vorteil."
„Ich werd dir jetzt erklären, warum der Tod ganz wunderbär
ist."
„Gern. Nur bitte ohne dämliche Wortspiele."
„Zum Beispiel wären ohne Tod etliche Berufsgruppen sofort
arbeitslos. Totengräber, Grablichtproduzenten, Urnentöpfer.
Am Tod hängen weltweit Millionen Arbeitsplätze."
„Vermutlich würde die österreichische Politik sofort ein Fried-
hofsrettungspaket schnüren. Mit künstlichen Leichen."
Joy vibriert.
„Keine schlechte Bemerkung. Zumindest dafür, dass du beruf-
lich mit Humor nichts am Hütchen hast."
„Bitte weiter."
„Am Tag, an dem der Tod stirbt, können sämtliche Religions-
anbieter sofort den Konkursantrag ausfüllen."
„Wieso?"
„Weil dann verpufft ihr ganzes Vertröstungsprogramm. Reinkar-
nieren als Steinadler, das Paradies aus Milch und Honig, die
zweiundsiebzig Jungfrauen. Alles heck meck weg. Die Hälfte
der Menschheit wird ja damit bei Laune gehalten, dass es nach-
her im Jenseits voll leiwand wird."
„Und, stimmt's?"
„Sag ich nicht."
„Wieso?"

„Urnen und Ärzte haben eines gemeinsam. Schweigepflicht. Übrigens, sterbefreies Leben wäre auch das Ende jeglicher Eheschließungen."

„Versteh ich nicht."

„In den meisten Beziehungen schlummert doch die glückliche Perspektive in dem Satz: ‚Bis dass der Tod uns scheidet.'"

Joy vibriert.

„Hinzu kommt der Murmeltierfaktor."

„Wie?"

„Das ewige Leben wäre wie ORF1. Ständig Wiederholungen. Du isst irgendwann deinen fünfzigtausendsten Schweinsbraten, trinkst dein hunderttausendstes Weißbier und fährst zum achtzigtausenden Mal nach Amstetten. Wo man schon beim ersten Mal über die Sinnhaftigkeit diskutieren kann. Ein ewiges Leben lang Weihnachten!"

„Bitte nicht. Ich bekomme ja jetzt schon nur mehr Mist."

„Solltest du ewig leben, musst du unendlich oft Haare waschen, Zähne putzen, Nägel schneiden. Stell dir vor, keiner stirbt, aber jedes Jahr kommen nach wie vor achtzigtausend neue Österreicher auf die Welt. Ihr findet doch jetzt schon kaum mehr einen Parkplatz."

Joy vibriert. Ich schweige. Joy beginnt zu singen.

„Hereinspaziert! Hereinspaziert! Sie wollen nicht mehr warten, jetzt kommen Akrobaten."

„Dieses Abteil gehört einem Zirkus, stimmt's?"

„Dem einmaligen, weltberühmten Zirkus Charlie!"

„Noch nie gehört."

Joy singt weiter.

„Das kann keiner mehr begreifen, wir springen durch die Reifen."

Ich schau Joy an.

„Was für Hinweise?"

„Wie?"

„In dir. Du hast vorher von Hinweisen gesprochen."

„Nun, laut dem Rollkoffer Roberto bist du einer Leiche auf der Spur. Stimmt das?"

„*Ja.*"

„Na dann, herzlichen Glühstrumpf."

„*In dir?*"

„Yes! Hier liegen die Beweise, sie sind jedoch sehr leise."

Ich hebe Joys Deckel und lass meine Hand hineingleiten. Joy fängt leicht zu stöhnen an.

„*Bitte, was ist das?*"

„Sorry, aber du machst das so gut."

„*Bitte, Joy.*"

„Tiefer."

Ich ziehe meine Hand raus.

„*So kann ich nicht.*"

„Es war so heiß. Du hättest fast meine Asche wieder zum Glühen gebracht."

„*Ich will doch keine Urne sexuell stimulieren.*"

„Wieso nicht?"

„*Ich weiß nicht. Was machst du beim Orgasmus? Zerspringst du?*"

„Try it, Baby."

„*Kannst du mir nicht einfach erzählen, wer in dir wohnt?*"

„An und Pfirsich nein."

Ich denke nach. Ich muss herausfinden, wer das Mordopfer ist. Ich strecke nochmals meine Hand so rasch wie möglich in die Urne und greife auf möglichst grobe Weise den Boden ab. Joy stöhnt trotzdem. Ich versuche, es zu ignorieren. Meine Finger treffen auf Asche … und dann plötzlich ein Gegenstand. Ich ziehe ihn heraus. Es handelt sich um eine mehrfarbige Stoffkette mit einem Ring und einem Silberanhänger. Auf dem Anhänger steht: „Hans-Dieter".

„*Wer ist das?*"

„Ein rassiger Südamerikaner. Aus Vina del Mar. "

„*Und genauer?*"

„Ich sag's dir. Aber nur, wenn deine Hand wieder in mich gleitet."

„*Nein! Ich bin nicht pervers.*"

„Nur deine Finger bringen mich zum Reden."

Ich drehe mich um. Es gibt keine Zeugen. Ich fahre nochmals mit meiner Hand in die Urne.

„Also, wer ist die Leiche?"

Joy stöhnt.

„Setz dein Köpfchen ein, Sonnenschein."

Joy stöhnt lauter.

„Baby, du weißt, wie man eine Urne behandelt."

„Sag, Joy! Wer war dieser Hans-Dieter?"

„Er war das Highlight ... im Zirkus Charlie."

„Und aus Chile?"

„Ja ... so wie die meisten Guanakos."

„Ein Lama also?"

Joy stöhnt immer lauter.

„Aber warum wird ein Lama umgebracht?"

„Er hat zu viel ... gespuckt."

„Aber das ist doch bei einem Lama ganz normal!"

„Nicht während ... ah! ... einer ... oho ... Pandemie."

„Wie, das Lama war ein ..."

„Ja! Ja! Ja! Superspreadaaaaaaaa!"

Ich ziehe meine Hand aus der Urne.

„Aber hatte Hans-Dieter überhaupt Corona?"

„Nein, Lamas kriegen das nicht."

„Warum wurde er dann getötet?"

„Dass Hans-Dieter immun ist, hat Direktor Charlie zu spät erfahren."

„Und wie wurde dieser Hans-Dieter getötet?"

„Charlie hat sein Futter vergiftet."

„Aber das ist doch kein echter Mord!"

„Ich glaube, Hans-Dieter sieht das anders."

Die Tatsache, dass es sich bei der Leiche um einen südamerikanischen Paarhufer handelt, deprimiert mich. Ich hatte eine menschliche Leiche erwartet. Mit einem aufgedeckten Mordfall hätte ich die Schlagzeile der Boulevardmedien gefüllt. Kleinkunst entlarvt Großverbrechen. Ich hatte schon die bewundernden Blicke von Kindern, Frau und Kollegen vor

Augen. Ein totes Lama namens Hans-Dieter lässt diese Hoffnung verhungern. Ich drehe mich zur Ausgangstür.

„Leb wohl, Joy."

„Typisch Mann."

„Wie?"

„Zuerst greifst mich aus und dann bis Petersilie."

„Was erwartest du dir?"

„Vielleicht postkoitalen Small Talk?"

Kurz schweigen wir beide.

„Worüber willst du reden?"

„Wie willst du eigentlich bestattet werden? Sarg, Urne oder Luft?"

„Luft?"

„So wie tibetanische Mönche. Die lassen sich einfach zwischen Bäume hängen, um sich als Vogelfutter anzubieten. Mit ein wenig Glück landet man dann Tage später als Taubenkot auf den Autodächern seiner Feinde."

Joy vibriert.

„Also ich möchte definitiv in eine Urne."

„Gute Entscheidung! Der Sarg hat in Wahrheit nur einen großen Vorteil: Das Probeliegen ist einfacher. Doch die Urne zaubert deinen Erben sicher ein Lächeln ins Gesicht."

„Wieso?"

„Ist die billigste Lösung. Und was lässt du eingravieren?"

„Wie?"

„Auf deine Urne."

„Weiß nicht. Vielleicht: ‚Am Ende hatte er recht.'"

Joy vibriert.

„Ich glaube, es wird eher oben stehen: ‚Am Ende hatte er Pech.'"

Ich schmunzle.

„Endlich lachst du über den Tod. Das verstehe ich bei euch Menschen sowieso nicht."

„Was?"

„Die Schwermut gegenüber dem Sensenmann. Epikur hatte da die richtige Coolness."

„Was hat der gesagt?"

„„Der Tod betrifft uns nicht. Solange wir da sind, ist er nicht da, und wenn er da ist, sind wir nicht mehr da.""

„Mich tröstet mehr der Satz: ‚Der Tod ist ein Schlaf, bei dem man zum Pinkeln nicht aufstehen muss.'"

Joy vibriert.

„Du zeigst Spurenelemente von Witzigkeit. Kennst du den schon? Was sagt man beim Begräbnis, wenn der Sarg leer ist?"

„Keine Ahnung."

„„Na gut, dann fangen wir halt ohne ihn an.""

Ich schmunzle.

„Warum haben die meisten Menschen Angst, bei einem Flugzeugabsturz zu sterben?"

Ich zucke mit den Schultern.

„Weil dann wären Erdnüsse ihre letzte Mahlzeit."

Ich wehre mich, muss aber trotzdem lachen.

„Warum sollte man beim Begräbnis am Friedhof das WLAN ausschalten?"

Ich blicke Joy fragend an.

„Weil dann haben alle einen schlechten Tag."

Ich reibe mir die Augen, die durchs Lachen feucht geworden sind.

„Joy, ich muss ... Meine Dienstschicht ist gleich zu Ende."

„Können wir ...?"

„Ja?"

„Können wir noch kurz kuscheln?"

„Wieso?"

„Ich fühle mich dann nach dem Sex nicht so benützt."

Nach kurzem Zögern nehme ich Joy aus dem Regal und drücke sie an meine Brust. Ein innerer Impuls zwingt mich dazu, meine Augen zu schließen und mich mit Joy im Arm zu drehen. Ich tanze in dem verwahrlosten Lagerabteil eines unbekannten Zirkus mit einer Urne, in der sich die Asche eines chilenischen Lamas namens Hans-Dieter befindet. Aber was soll's, ich wurde heute schon von einem schreienden Rollkoffer durch die Gänge gehetzt und habe dem Märtyrertod einer Vitamin-Brausetablette assistiert. Mein Urnentanz fügt sich gut in die Nacht.

„Diese Nähe ist wirklich schön."

„Ich muss zugeben, das finde ich ..."

Ich stelle Joy wieder zurück ins Regal und gehe zur Tür.

„Joy, ich habe noch eine Frage, die mich schon die ganze Nacht beschäftigt."

„Ja?"

„Etliche Gegenstände hier im Storage wissen, dass ich eigentlich Kabarettist bin. Wie kommuniziert ihr miteinander?"

„Wie Sardinen, Ameisen und Zugvögel. Es gibt auch unter Gegenständen so etwas wie ein lautloses kooperatives Verhalten."

„Aber wieso?"

„Weil wir Gegenstände uns der wechselseitigen Abhängigkeit bewusst sind. Der Löffel braucht den Teller, der Basketball braucht den Korb, der Sattel braucht die Stange, die Schere braucht ..."

„Und die Urne?"

„Braucht den Deckel. Ich zeig dir was. Schließ einmal deine Augen."

Ich bin etwas verwundert, komme jedoch der Aufforderung nach.

„Und jetzt Augen auf."

Ich öffne meine Augen. Im Raum ist es finster.

„Wie? Hast du jetzt das Licht ausgeschaltet?"

„Kommt dir das bekannt vor?"

„Ja natürlich! Von Manfred, dem Kugelgrill. Aber wie machst du das?"

„Das ist die Schwarmintelligenz der Gegenstände."

Das Licht geht wieder an. Ich öffne die Tür des Abteils. Ein letztes Mal drehe ich mich um.

„Übrigens, das mit dem Hans-Dieter tut mir leid. Ein echtes Drama fürs Lama."

Joys Deckel klappert.

Ich sitze im Büro. 05:09 Uhr. Nach einem weiteren Biss in mein Dinkel-Gemüse-Weckerl verklingt meine Enttäuschung über den überschaubar relevanten Kriminalfall. Dann wird halt nichts aus dem Traum vom Inspektor Kleinkunst. Auch dem Hubert werde ich aufgrund seines illegalen Aufenthalts keinen Strick drehen. Soll er sich doch hier von seiner Kaikosaratakie erholen. Ich fürchte nur, wenn Kurt davon Wind bekommt, erfährt das Storage sofort einen Relaunch. „Yourplace Wellness-Ressort. Genießen Sie Ihre Auszeit." Natürlich auch vom Tageslicht. In knapp einer Stunde ist meine Schicht zu Ende. „War was?", wird Kurt mich fragen. Ich könnte ihm dann von Joy, Helmut, Gerda, Wilma, Ferdinand und allen anderen erzählen. Ich könnte aber auch alleine in Nordkorea einmarschieren. Beides hätte ähnliche Erfolgsaussichten. Aus meinem Bürofenster richte ich meinen Blick ein weiteres Mal auf den kargen, kühl ausgeleuchteten Storage-Gang. Hinter all diesen Türen befinden sich Gegenstände von Wert. Nur nicht für ihre Besitzer. Die der Nutzlosigkeit ausgesetzten Fernseher, Schaukelstühle, Skischuhe, CD-Player, Fahrradhelme und Teppichklopfer eint, dass sie einst für einen Augenblick begehrt wurden. Die Besitzer haben für diese Dinge im Geschäft bezahlt, ihnen zu Hause das Verpackungsplastik vom Leib gerissen und sie schließlich begeistert erforscht. Doch nach einer gewissen gemeinsamen Zeit hat sich zwischen Ding und Mensch eine Gewöhnung eingeschlichen. Irgendwann haben beide Seiten gewusst, dass man einander hat. Der lang ersehnte Gegenstand wurde Teil der Alltagsüblichkeit. Es folgte die Tragik vieler Beziehungen. Bei einem Zuviel an Sicherheit verflüchtigt sich das Verlangen.

Ich schüttle den Kopf, um aus meiner kleinen Schwermut zu erwachen. Ich öffne die Schreibtischlade. „*Wilma?*" Sie liegt in ihrer Schachtel und schweigt. Der Zauber des Gesprächs hält tatsächlich nur für eine Unterhaltung. Außer bei meinen beiden Nervensägen. Neben der Streichholzschachtel liegen einige ineinander verknotete Lade- und Computerkabel.

ABEL

„Weil ich dich mag,
Sag ich: Guten Tag!"
    „Wer?"
„Ich, ein Kabel namens Abel."

Das optisch auffälligste, ein giftgrünes Druckerkabel, windet
sich. Ich nehme den Kabelstrauß in die Hand und richte
meinen Blick auf den USB-Stecker von Abel.
*„Ich würde Ihnen gerne eine Frage stellen, die mich schon lange
beschäftigt. Warum verwursteln sich Kabel ständig?"*

„Pro Gerät ein anderes Kabel,
Weil die Wirtschaft das so will,
Das scheint uns wenig praktikabel,
Doch wir verharren in den Laden still."

Ich bin überrascht. Abel ist ein Poet.
„Ja, und weiter?"

„Doch dann, im Schutz der Dunkelheit,
Wenn wir einsam vor uns rasten,
Macht sich rasch die Sehnsucht breit,
Eins der andren zu ertasten.

Dann roll ich mich ganz sachte rüber,
Ein zweites, drittes Kabel liegt schon da,
Mit der Vereinzelung ist es vorüber,
Der Traum der Orgie wird wahr."

„Aber wieso? Ihr seid ja völlig unterschiedlich."

„Als Lehre der Geschichte, wie mir scheint,
Wir für Durchmischung brennen,

Weil was passiert, wenn Gleiches sich vereint,
Lässt sich an Habsburgern erkennen."

Abels historische Bewandertheit erstaunt mich. Ich habe
Druckerkabel bislang definitiv unterschätzt. Ich denke nach.
Einen Versuch ist es wert. Ich ziehe die fünf Kabeln ausein-
ander, lege sie der Länge nach nebeneinander in die Lade
und schließe diese. Wenige Sekunden später öffne ich erneut
die Lade. Kabelsalat.

„Das gibt es nicht!"

„Und jetzt alle gemeinsam!"

„Wir lieben das wilde Durcheinander,
Jede Ordnung ist verboten,
Wir finden immer zueinander,
Da könnt ihr uns noch so oft entknoten!"

Tatsächlich ein Kabelchor. Beim Schließen der Lade wird mir
klar, weshalb das Kabel in Kreuzreimen spricht. Es ist eine
verschlungene Reimform. Ich belasse es dabei. Ein nochmaliges
Entwirren ergibt keinen Sinn. Anscheinend verhalten sich
unbeobachtete Kabel wie Bienen. Kaum frieren diese im
Bienenstock, kuscheln sie sich aneinander, um Wärme zu
erzeugen. Für einen Moment beneide ich Kabel und Bienen
dafür, dass ihnen ein Begriff kein Begriff ist: Social Distancing.

Ich richte meinen Blick wieder auf den Schreibtisch und
die braune Mappe mit der Aufschrift „Entsorgung". Beim
Blättern durch die Liste mit den Abteilen, die in wenigen
Stunden von Petre und Pavel heimgesucht werden, kommen
mir die vielen Gesprächspartner in den Sinn. Etliche meiner
nächtlichen Freunde werden bald ihre letzte Reise antreten.
Etwas in mir wehrt sich gegen diese Vorstellung. Bestehen

denn Dinge nur aus ihrem Nutzen? Treten wir über die Gegenstände, die wir besitzen, nicht mit uns selbst in Kontakt? Die Designeruhr, das Surfbrett, die Leonard-Cohen-Schallplatte: Wir umgeben uns mit Dingen, damit ein wenig von ihrem Flair auf uns abfärbt. Wanderschuhe, E-Gitarren, Aquarell-Farbkasten. Diese Dinge haben wir nur gekauft, um mehr über uns zu erfahren. Und sei es nur, als Gitarrist völlig talentfrei zu sein. Kinder wissen das. Manche hängen bis ins Erwachsenenalter an ihrer ersten Schmusedecke, ihrem zerfransten Stoffpinguin oder dem einarmigen Roboter. Diese Dinge waren jahrelang stumme Trostspender, geduldige Zuhörer inmitten einer geschwätzigen Welt. Das Schöne an Gegenständen ist doch, dass sie nicht werten. Sie loben nicht, sie kritisieren nicht, sie sind einfach da. Mir fällt etwas ein, was es wahrscheinlich bei jedem zu Hause gibt. Es befindet sich meistens im Wohnzimmer – oder in der Küche. Die Kramuri-Lade. Darin häufen sich wahllos Gegenstände. Einzelne Schrauben, verwahrloste Schlüssel, abgelaufene Rezepte, stumpfe Scheren, abgebrochene Playmobilfiguren, zerrissene Gummiringerl und angebissene Müsliriegel. Hier wohnt es, das volle Leben. Hier Ordnung reinbringen zu wollen, wäre ein Akt der Selbstverleugnung. Nur wenn Gäste kommen, legt jeder Wert darauf, dass diese Lade nicht geöffnet wird. Um das Chaos zu verbergen. Dabei würde mich genau diese Lade viel mehr interessieren als das frisch renovierte Bad, die Designer-küche oder der ausgebaute Dachboden. Doch Unordnung ist immer noch mit Scham behaftet. Die nach wie vor gängigste Begrüßungsfloskel bei Spontanbesuchen lautet: „Ich warne dich, wir haben nicht aufgeräumt!" Darauf sollte man eigentlich antworten: „Und genau deswegen möchte ich reinkommen." Ich will über die Plastikritterburg eures Sohnes stolpern, das Cover des aufgeschlagenen Buches betrachten und anhand der schmutzigen Pfanne erraten, was es heute zum Mittagessen gegeben hat. Einfach die Dinge für euch sprechen lassen. Und ich will sie sehen, die vielen kleinen Gegenstände, die auf den ersten Blick keinen Sinn ergeben. Ich denke an Elfriede Fenderl, die Anwältin der Nutzlosen. Sie hat es verstanden. Ein nützliches Produkt schenkt uns bestenfalls Zufriedenheit. Aber erst das, was über den Nutzen hinausgeht, macht uns glücklich. Ein Staubsaugerbeutel ist kein Quell der Freude, ein in einem griechischen Sommerkurs selbst getöpfertes Seepferdchen vielleicht schon. Natürlich kann man dieses Denkmal des Dilettantismus entsorgen. Es stellt sich nur die Frage: Wirft man mit diesem Gegenstand nicht auch eine Geschichte weg? Ich bemerke, wie meine ursprüngliche Begeisterung für den Minimalismus allmählich schwindet. Inzwischen scheint mir die Vorstellung befremdlich, dass wir Menschen irgendwann ein Leben führen, dessen Mobiliar sich in einer halben Stunde in einen Smart einpacken lässt.

Ich öffne die Schreibtischlade, hole einen Zettel heraus und schreibe einige Zeilen. Das Schreiben stecke ich in ein Kuvert und stehe von meinem Bürosessel auf. Ich werde jetzt etwas machen, wofür ich mich noch vor vierundzwanzig Stunden für völlig verrückt erklärt hätte.

EPILOG

Noch nie bin ich von der Anschaffung meines Minivans überzeugter gewesen. Die beiden umklappbaren Rückbänke rechtfertigen den Spritverbrauch, die mangelnde Wendigkeit und vor allem das nicht vorhandene Design. Das Ziel meiner Fahrt, die Lagerstelle im Wald kurz vor dem Tulbingerkogel, ist mir beim Mountainbiken schon einige Male aufgefallen. Sie ist für mein Vorhaben ideal. Uneinsichtig und mit dem Auto direkt erreichbar. Die letzten achthundert Meter holpere ich mit dem Van über einen Forstweg. Der Soundtrack der Fahrt kommt vom Navi meines wiedererwachten Smartphones: „Bitte wenden! Bitte wenden!" Das Flehen bleibt unerhört. Pünktlich zu Dienstende um 06:00 Uhr war der Aufstand vorbei und mein Handy ist von selbst wieder hochgefahren. Während der gemächlichen Waldfahrt blicke ich immer wieder auf den Beifahrersitz. Dort befindet sich das Handbuch meines Vans. Zwischen Seite 84 und Seite 85, Kapitel Reifenfülldruck, liegt Wilhelm Charles Junior. Vielleicht kein Handke, aber für das literaturbeflissene Konfetti zumindest ein Anfang. Für den Rhythmus des Ausflugs sorgt ein leises, aber permanentes Klopfgeräusch. Winkekatze Lucy, mit Klebeband auf der rechten Seite des Armaturenbretts befestigt, pocht jetzt unaufhörlich gegen die Scheibe. Die schunkelnde Reise endet an der angepeilten leicht abschüssigen Wiese mit einer Feuerstelle im Zentrum. Die Mulde ist bereits mit einigen trockenen Zweigen und Ästen gefüllt. Als hätte man uns erwartet.

Beim Aussteigen atme ich tief ein. Die Luft des Wienerwalds vertreibt den Mief der Lagerräume aus meinen Lungenflügeln. Die morgendliche Sonne drängt sich zaghaft durch die eng stehenden Buchen. Ich blinzle. Meine Augen lassen sich noch Zeit, sich an das natürliche Licht zu gewöhnen. Der Kofferraum ist voll beladen. Niemand wird die Gegenstände vermissen. Vielleicht Petre und Pavel, aber die werden eher erleichtert sein. Ich mache ihre Arbeit, nur halt anders. Ich lade sie alle nach und nach aus dem Van. Manfred, Horst, Vanessa, Max, Mary. Dann einige, deren Namen ich nicht kenne. Zum Schluss ziehe ich vorsichtig Gerdas Rahmen heraus, dann ihren Lattenrost und die Matratze. Jeden Gegenstand begrüße ich beim Ausladen mit: *„Guten Morgen!"* Keiner antwortet. Aber ich bin nicht enttäuscht, ich folge strikt meinem Plan und räume sämtliche Gegenstände aus dem Kofferraum. Nur eine Plastikkiste bleibt auf der Ablage. In ihr befinden sich mein Gitarrenverstärker, meine Reiseführer und meine Squash-Schläger. Sie kommen alle wieder nach Hause. Zumindest bis zur Geburt des ersten Enkelkindes. Als ich mit dem Ausladen fertig bin, betrachte ich mein Werk. Ein Griller, ein Kühlschrank, ein Bett, ein Laubsauger, ein Laubbläser, ein Wäschekorb mit Jogginghose, zwei Wahlkabinen, drei Sonnenschirme, ein Wickeltisch, ein Ergometer, zwei Kuckucksuhren und ein Heizpilz stehen oder liegen kreisförmig um eine Feuerstelle. Keiner von ihnen spricht ein Wort. Nicht einmal Max und Mary.

Während ich die Mulde mit weiteren Ästen, Blättern und Anzündwolle auffülle, denke ich an die Dinge, die noch von der Aussortierung bedroht sind. Ein paar von ihnen habe ich aufgrund ihrer Größe im Storage zurücklassen müssen. Ihnen wird nichts passieren. Vor meiner Abfahrt habe ich sämtliche Entsorgungsmarkierungen entfernt. Vermutlich arbeiten sich gerade Petre und Pavel fragend durch die aufgelisteten Storage-Abteile. Gegen Mittag werden die beiden Rumänen Kurt anrufen und sagen: „Chef, nix wo Pickerl." Kurt wird schäumen. Eine Räumung ohne Gegenstände kann er nur schwer verrechnen. Mich als Nacht-Security wird er kaum verdächtigen. Was hätte ich schon für ein Motiv? Ich denke an Hubert. Vielleicht liest er sich gerade den Brief durch, den ich ihm vor der Abfahrt durch den Türschlitz geschoben habe. Er enthält das Angebot, meinen Job im Storage zu übernehmen. Die aufgelisteten Vorteile sollten ihn überzeugen. Er muss seine Frau nicht mehr belügen, seine Statur wird der eines Security definitiv gerechter als meine, und er kennt das Storage bereits sehr gut. Wenn auch aus der Sicht des Eindringlings. Kurt wird mich mit einem Freudenjauchzer kündigen. Vor allem, falls Hubert zusagt, auch bei Räumungen mitzuhelfen.

Ich greife in die rechte Hosentasche und finde die Streichholzschachtel. Beim Öffnen erkenne ich sofort Wilma. Wahrscheinlich, weil sie als einziges Streichholz verkehrt drinnen liegt. Ich ziehe Wilma aus der Streichholzschachtel, sage *„Guten Morgen"* und fahre sofort mit ihr über die Reibefläche. Ich will sie nicht länger warten lassen. Sichtlich begeistert entzündet sie sich. Vor ihr liegt ein Auftrag, der ihrem lang gehegten Traum gerecht wird. Ich halte meine Hand schützend vor Wilmas Flamme und führe sie zur Holzwolle. Die Flamme springt über. Vermehrt sich. Erste Rauchschwaden steigen in den Morgenhimmel.

Eine halbe Stunde später stehe ich im Halbkreis zwischen meinen nächtlichen Freunden und wir blicken gemeinsam ins Feuer. Die vergangene Nacht hat mich verändert. Ich blicke in die Runde der stummen, teilweise ramponierten Diener des Alltags. Warum bewahre ich alte Gegenstände vor ihrer Entrümpelung? Vielleicht hat es mit meiner eigenen Angst zu tun, selbst einmal im Kreis der Aussortierten zu stehen. Wir Menschen spiegeln uns in den Dingen, die wir besitzen. Das macht jeden Gegenstand lebendig, auch wenn er stumm ist. Scheinbar. In den nächsten Wochen wird es mir schwerfallen, Gegenstände emotionslos zu betrachten. Sie werden Fragen aufwerfen. Geniert sich die vor mir liegende U-Bahn-Zeitung für ihre Inhalte? Leidet mein Milchschäumer unter Laktoseintoleranz? Wie fühlt sich der Dacia, wenn er neben dem Range Rover parkt? Was empfindet meine Gießkanne, wenn ich sie im Regen stehen lasse?

Und was ich mich natürlich auch noch frage, ist: Was soll ich jetzt tun?

Ich muss mir eine neue Beschäftigung suchen. Irgendetwas wird sich schon ergeben. Und wenn mir gar nichts einfällt, schreibe ich einen Roman.

Diesen Menschen möchte ich
für die Unterstützung
bei der Entstehung des
vorliegenden Buches danken:

Peter Blau
Artur Bodenstein
Gerlinde Finsterer
Georg Hoanzl
Günther Lainer
Alexander Lovrek
Michael Niavarani
Paul Pizzera
Heliane Sagheb
Anna Schrems
Didi Sommer
Christine Spandl
Gerhard Strobl
Andrea Tavčar-Schaller
Ralf Thaller
Peter Wustinger
Marlene Zauner
Helen Zellweger

REGISTER

Was würden Sie machen, wenn Sie am Ende eines langen Skitages auf einem Sessellift vergessen werden? Würden Sie warten? Würden Sie springen? Wären Sie ein guter Alleinunterhalter? Oder würden Sie aus Verzweiflung mit einem Uhu über Ihr Leben sprechen?

In Stille am Sessellift baumelnd wird Georg Karner eines sofort klar: So muss sich die Hölle anfühlen. Es folgt eine abenteuerliche Nacht, in der ein Mensch von seiner bekannten Welt vergessen wird und sich nur ein wildfremder Uhu um ihn kümmert. Es folgt eine Nacht, die alles Mögliche ist, jedoch auf keinen Fall durchschnittlich.

„Autor Klaus Eckel hat sich selbst übertroffen."
WIENER ZEITUNG

„Der für Eckel typische Querdenker-Witz"
KURIER

ISBN 978-3-9503907-2-8

SCHULTZ & SCHIRM